講談社文庫

熟練校閲者が教える

# 間違えやすい日本語実例集

講談社校閲部



講談社

目次

# はじめに

本書は、二〇〇七年十二月刊行の単行本を文庫化したものです。前著のタイトルは、『日本語課外講座　名門校に席をおくな！』というものでした。左ページに載せたモノクロ写真ではわかりづらいかもしれませんが、「席」の文字を（実際は赤色で）まるく囲っていました。この文庫の29ページにあるように、「席」は「籍」にすべきものなので、校正記号を使って直す過程を再現したつもりでしたが真意が伝わらず、書店で進学コーナーに置かれてしまったこともあるようです。間違って買われた方にはお詫び申し上げます。

編者も「校閲局」が「校閲部」に変わっていますが、これはその間に小社で機構改編があったためで、部署としての中身は変わっていません。

校閲の仕事については、二〇一六年に放送されたテレビドラマのおかげで認知度がアップしたものの、校閲の定義めいたことをまずは説明しておきましょう。

学校の「校」には「くらべる」という意味があり、検閲の「閲」は「けみする」すなわち「見てしらべる」意味です。要するに、「校閲」とは原稿とゲラ（校正用の試し刷り）を引き比べ、内容もよく調べ、いろいろ考え合わせたうえで、誤りや疑問を指摘、直すべきところを直すことです。「校正」もほとんど同義で用いられることがありますが、厳密にいえば校正は調べる要素を含みません。ですから、校正者ならぬ校閲者は、辞書や事典などの諸資料を駆使して仕事をしているわけです。しかし、資料に書かれていることだけで事足りるというものではありません。たとえば辞書にない見慣れない表記、聞き慣れない表現だからといって、それを誤りと断じるわけにはいかないケースは多々あります。みなさんがよく目にすることばでも使われ方の変化が急で、辞書が追いついていないこともあります。二〇一七年に一躍流行語となった「忖度《そんたく》」は、元は推察・推量とほぼ同義語だったはずですが、今では「おもねり」「へつらい」といったニュアンスが付いてまわりがちになってしまいました。

　ひとつのことば、ひとつの文章についてさんざん逡巡した挙げ句に思い切って「えいやっ」と直すケース、あるいは逆にためらい傷のように赤ペンをゲラに突いた跡を残しつつ

直さなかったケース……、本来の用法と違うことを指摘したほうがよいのか、これも日本語の豊かさのひとつとして許容してよいのか……。校閲者が苦悩する様は、この本のそここに載っています。おまけに小社は、小説でも児童ものから純文学まで出していますし、絵本あり、料理などの実用書あり、難解な哲学書あり、と幅広いジャンルをカバーしています。このジャンルによっても表記などの規準は異なりますので、苦労はそのぶん多いといえます。

本書に掲載した用例はすべて実際の原稿やゲラで目にしたものばかりですが、解説の都合などで少しだけ加工した部分があります。各章の内容は以下のとおりです。第一章は比較的単純な誤記、第二章は間違いやすい四字熟語や慣用表現、第三章は似た語があって紛らわしいケース、第四章は同音語などの使い分け、第五章は意味を取り違えがちなもの、第六章はその他、という分類ですが、実際にはひとつの章に収まりきらないような広がりをもつ項目もあります。また各章の最後で、一項目としては扱いづらいテーマを座談会形式でまとめました。

各項目の筆者と座談会出席者をご紹介します。前著の刊行から十一年経っていますので、今では定年を迎えてフリーで活躍していたり、重鎮や頼もしい中堅になっていたりしますが、以下に記す当時のプロフィールを念頭に置いて本文をお読みください。「鵜」さんと「鷹」さんは校閲人生三十ン年という大ベテラン、「猫」さんは入社して十年余ながら今や風格を感じさせる女性校閲者、「魚」さんは大ベテランの二人が仕事を始めた頃にはこの世に影も形もなかった若手です。各人がその動物に似ているわけではありません。ふだんわれわれが酷使している商売道具の「目」に結びつけてのネーミングです。

二〇一〇年に常用漢字表が改定されて以来、辞書の新版が続々と出てきているため、今回の文庫化にあたり、新版が出た辞書は調べ直し、大きな変更点があれば本文を書き改めました。

この種の本に内容の誤りや誤字誤植があっては笑われてしまうので、前著でも細心の注意を払ったつもりでしたが、内容に関して鋭いご指摘をいただき、書き換えた項目があります。今回も何かお気づきのことがありましたら、ぜひご教示ください。

講談社校閲部

二〇一八年七月

## ●引用辞典の版と出版社一覧

※版が示されていない辞典は初版です。
※版を示した辞典はそれ以前の版からも適宜引用しています。
※引用部分の体裁は一部変えてあります。

岩波国語辞典　第七版新版（岩波書店）
学研国語大辞典　第二版（学習研究社）
暮らしのことば新語源辞典（講談社）
広辞苑　第七版（岩波書店）
講談社国語辞典　第三版（講談社）
三省堂現代新国語辞典　第五版（三省堂）
三省堂国語辞典　第七版（三省堂）
新潮現代国語辞典　第二版（新潮社）
新潮国語辞典　第二版（新潮社）
新明解国語辞典　第七版（三省堂）
大字源（角川書店）
大辞泉　第二版（小学館）
大辞林　第三版（三省堂）
日本国語大辞典　第二版（小学館）
明鏡国語辞典　第二版（大修館書店）
類語大辞典（講談社）

# 第1章

# 名門校に席をおくな！

●「いかにも気まじめそうな、三十歳ぐらいの男が受け付けをしていた」

某小説誌に掲載された短篇より。まじめ、不真面目は気の持ちようということでしょうか、「気まじめ」と書かれるケースが多いですけれど、これはバツ。この〝キ〟は「混じりけのない、自然のまま、純粋な」をあらわす接頭辞の〝生〟。生醤油、生蕎麦（なまのソバという意味ではありません）、生糸、生粋なんかに用いられる〝生〟ですね。

あくまで個人的な印象ですが、全部漢字の場合はもっぱら「生真面目」と正しく書かれ、「気真面目」という表記にお目にかかった覚えはないように思います。不思議と言えば不思議。漢字の持つ威力とでもいうようなものがそうさせるんでしょうか。

なお、『新明解国語辞典』には《「気まじめ」とも書いた》との記述が見えます。辞書の編纂者、特に新語の採集で定評のあった見坊豪紀《けんぼうひでとし》によれば、辞書には「ことばを写す〝鏡〟」の面と「ことばを正す〝鑑《かがみ》〟」の面があるとのこと（『三省堂国語辞典』第三版序文）。この考え方でいけば『新明解』の注記は「鏡」としての一面をしめしたもの、と理解していいのだろうと解釈しています。

（猫）

●「炎天下、外回りをした夕方、ビアガーデンで仰った大ジョッキ……」

お疲れさま。ごくりごくり気持ちのよい喉越しまで感じ取れそうです。一日中オフィスで机に向かうわれわれでも仕事のあとの一杯はこたえられぬもの、まして炎天下の外回りのあととあっては。

ところで、この例文の文字づかいで不自然さを覚えた箇所はありませんか。

迷わず「仰った」と指摘できればなかなか鋭い。琥珀《こはく》色をしたビールのなみなみ泡立つジョッキを思わず仰いでしまう、その気持ちもわからぬではありませんが、これは「あおぐ」で「あおる」とは別語。一気に飲み干す意の「あおる」は「煽る」を採る辞書もありますが、「呷る」が一般的です。

ただし、「仰ぐ」「煽ぐ」「煽る」「呷る」はいずれも同語源で、「勢いよく」「上方へ」といったニュアンスが共通するようです。迷ったり書き間違ったりするのも理由のないことではないのでしょう。ついでながら「扇」は「煽ぐ」の名詞形、現代仮名づかいでは「おうぎ」と「あおぐ」ですが、旧仮名では「あふぎ」と「あふぐ」です。

なお「呷る」と書く際には「呻《うめ》く」との字形類似にも要注意。もちろんどうしても

漢字で書かなければ、ということではありません。（鷹）

●「豊かなるアマゾン、その大自然の脅威が文明に冒された現代人の胸を打つ」

動物園などではなかなかお目にかからぬ獣やら、凶暴な肉食魚やら、猛毒の虫やら……いろいろおっかないのは確かでしょうが、文脈からいって、この場合の「キョウイ」はおびやかされたりおびやかしたりの「脅威」ではなく、「驚異」。いっそ「胸囲」なら笑えますが。（鷹）

●「いつ焼いたものか、冷えてコチコチになった御頭付きの鯛をもらったが、捨てるのはもったいないし、かといってこのまま食べてもうまくないし……」

フランス、イタリア、中国はもとより、世界中の料理を口にすることができる時代。それでもお祝いの席くらいはやはり伝統的な和食で、という方も多いのではないでしょうか。こういう席につきものなのがなんといってもオカシラつきの鯛ですね。並べられた御馳走《ごちそう》の中央にでーんと控えていてくれないと収まりのつかない感じがします。

ところでこの「オカシラ」の「カシラ」は「頭」。「頭《かしら》」を丁寧に言えばなるほど「御頭」ですが、しかしこれではなんだか山賊とか追い剝ぎの頭目といったイメージ。だいいち「御頭付き」では、真ん中で切り分けられた上半身？だけが膳に並んでも文句のつけようがないではありませんか。

正しくは「尾頭付き」。尾も頭もついているからこそ、まるまる一匹、こういう席にふさわしいのでしょう。　（猫）

●「人権費の高騰が産業の空洞化を招いた」

人権は尊重されなければなりませんけれど、だからといって「人権費」とは……。言うまでもなく、ここは「人件費」。逆に「基本的人件」なんて書かぬよう。笑われること必死、じゃなくて、必至です。　（猫）

●「上部団隊に類が及ぶのを避ける」

一朝《いっちょう》事あるときには、官か民かを問わず、合法非合法を問わず、組織なり集団なりを守ろうとする。公と私の葛藤、ドラマはこうして生じるのでしょう。事の当否は別にして、及ぶのを避けたい「ルイ」は、友を呼ぶ「類」ではなく、わずらわしさとか巻き添えを意味する「累」です。

さらに申しあげれば「団隊」なる表記もしばしば目にしますが、「団体」の誤りであることは小学生にもわかるでしょう。ただ、小学生でも知っている文字ほどクセモノという傾向があるのも、経験的に確かな気はしますけれど。　（魚）

●「湿気を防ぐために、お茶の葉は機密性の高い容器に入れましょう」

ジェームズ・ボンドのように世界をまたにかけるスパイが、やっと手にした驚くべき効能のあるお茶の葉を、これまた国家的な秘密事項に属する特殊な容器に入れ、密かに持ち歩いているという状況……のわけはありません。だいいちこれ実用書からの一文です。これは空気を通さず密閉状態を保つことでお茶の葉を新鮮なままにということですから「気密性」。パソコンで文字を入力、原稿を作成する時代。変換ミスは宿命でしょうか。　（魚）

## ●「消費税の見直し論議は一率一〇パーセントへ引き上げの方向という」

具体的な金額の表示にはなじまず、引き上げるにせよ引き下げるにせよパーセンテージで表されるのが一般的とあれば、どうしたって「率」が気になるのは当たり前。そんなわけでついつい「一率」などと書いてしまうのかもしれません。しかし、ここはみな一様に同じ基準で、という意味ですから「一律」ですね。

ところで、現行の消費税率が八パーセントであるという場合、本体価格に八パーセント上乗せされる状況から、一〇パーセント上乗せになるのを「二パーセント引き上げられることになる」とあっさり説明されると、ちとひっかかる。この二パーセントというのはあくまで本体に対する率で、千円の物を買うとき八十円取られていたのが百円になる、その差額二十円に相当するわけです。いいですか、本体価格千円に対する二十円ですよ。一方、現行の税額八十円に注目して上昇率を考えるなら、この二十円は、なんと二五パーセントのアップということになります。

どうもまぎらわしいですね。何を基準におくかで数字はくるくる変わる。ちとひっかかるのは、そのせいです。混乱を避けたいなら、この場合「二ポイント引き上げられることになる」と、パーセンテージではなくポイントで表記することでしょう。

ま、あくまで厳密に伝えるならば、ということですが。（鵜）

●「未青年者による喫煙・飲酒の増加は、大きな社会問題と言えよう」

「未青年者」すなわち「未《いま》だ青年ならざる者」、つまり「まだ青年になっていない者」、年端も行かぬ子どもたちから少年少女の飲酒や喫煙が増えて……のわけはないでしょう、いくらなんでも。ここは「いまだ成年に達していない者」ですから「未成年」です。（猫）

●「快的な住空間を創造する」

新聞の折り込みには、この手の不動産広告が目白押し。わが家に引き比べ溜め息つきつつ眺めるともなく眺め……。日常口にし、慣れ親しんでいることばほど意外に落とし穴だったりするようです。

カイテキ……体や心にぴったりフィットして気持ちのよいこと。快く適合することですから、「快適」です。（魚）

●「両雄互格の闘いを展開」

互いの力量にほとんど差がなく優劣つけがたいとき、ゴカクということばが使われます。「格」には「身分・位・程度」の意味があるので、「互格」はいかにも正統派のおもむきですが、なんでもこの語、牛の一対の角には長短・大小の差がないところから生まれたのだとか。したがって「格」ではなく「互角」と「角」を用います。そのものズバリ「牛角」と書かれることがあるのもこのためです。もちろん焼き肉とは関係ありません。（魚）

●「ぬっと顔を出したのはやまんばじゃった。いや驚いたのなんの、肌は泡立ち、度肝は抜かれ……」

民話か昔話か知りませんが、石鹸やシャンプーではあるまいし、驚きや恐怖のあまり肌が泡立つのでしたら、やまんばなんかほっといて医者に診てもらったほうがいい。今なら特異なキャラクターを売り物にTVで稼ぐ手もあるかもしれません。

石鹸などの泡が立つことを「あわだつ」と言いますが、寒さや恐怖の激しさによって毛穴が粟粒のようにふくれあがることも「あわだつ」と言い「粟立つ」と書きます。「泡」と「粟」、くれぐれも混同せぬよう。労せずして利を得るたとえの「濡れ手であわ」も「粟」。粟粒だからこそ濡れた手についてくるのであって、「泡」なら消えてしまうだけでしょう。（鵜）

## ●「千終楽でなんとか勝ち越し、カド番脱出」

序盤で黒星続きの大関陣もどうにか帳尻合わせて全員勝ち越し、優勝・三賞もまずは順当に決まったところでセンシュウラク。十五日に及ぶドラマの最終日というのでついつい「千終楽」としてしまう気持ちもわからなくはないのですが、正しくは「千秋楽」。

『新明解国語辞典』によれば、《〔何日か続いた法会《ほうえ》の最後の日にはいつも雅楽の「千秋楽」という曲を奏したことから〕演劇・すもうなどの興行の、最後の日》を言うようになったとのこと。

もっとも『新訂第二版 標準音楽辞典』（音楽之友社・二〇〇八年）で、雅楽の「千秋楽」の説明文中には、

物事の終りを〈千秋楽〉というのは、この曲が常に最後に奏されるところからきたという説は肯定しがたく、本曲が退出音楽に用いられることはまれであり、むしろ能の演奏の最後に習慣的に歌われる〈高砂《たかさご》〉の一節「千秋楽には民を撫で」に由来するとみられる

とあります。

日常なにげなく使われることばの由来も諸説紛々、おもしろいですね。そういえば歌舞伎に造詣《ぞうけい》の深い知人から、芝居関係者は興行にあたって火事をもっとも恐れ、ゲンをかついで〝火〟を含む「秋」の字体を避け、『大字源』などで「秋」の古字とされる「龝」を用い「千龝楽」と表記した、という話を聞いた覚えがあります。「火」を避け、縁起のよい「亀」を組み込む……表意文字たる漢字ならではのエピソードと言えましょう。

（鵜）

●「有頂点で蘊蓄《うんちく》を傾ける半可通」

日常なにげなく使っていることばに案外多いのが、もともとは仏教語だったものです。ウチョウテンもそのひとつで、本義は「形ある世界の最も上に位置する天」だそうです。そこで、最も上の天が喜びや得意の絶頂を比喩的に表すようになったのでしょう。「チョウテンをきわめる」などという場合の頂点とは別語ですから、「有頂点」ではなく「有頂天」です。

（猫）

●「オヤジの気嫌をそっとうかがっては、顔を見合わせる子どもたち」

一座の中心に厳しい父親がいて、それを気遣う子どもたち……近頃ではめったにお目にかかれぬ、懐かしくもあれば、オトーサンとしてはちょっぴり羨ましくもある光景。

人の気分のよしあしについて言うキゲンですが、「気」に引きずられて、ついつい「気嫌」と書いてしまうのでしょうね。このことばも「有頂天」同様もともとは仏教語で、本義は「世の人々がそしりきらう」意。かつては「譏嫌」（「譏」はそしる、「嫌」はきらう意）と書かれていたとのこと。現在、仏教関係者はいざしらず、こういう意味で用いられることはまずないと言ってよく、「機嫌」と表記されるのが普通です。

『新潮国語辞典』には《「気嫌」とも書く》とあり、実際そういう事例が多いのは事実でしょうが、現状で「気嫌」なる表記を積極的に認める気にはなれません。現に、「気嫌」と書くのは誤り、と注記する辞書もいくつかあります。（鷹）

●「与野党間の接渉、大詰めを迎える」

新聞、テレビのニュースでよくお目にかかる言い回し。外交その他交渉上の話し合いや駆け引きをセッショウと言いますが、これは「直接交渉」を略したことばではありません。「衝いてくる敵のほこ先を折る」のがこの語の起こりだそうで、「折衝」と書きます。（猫）

●「この深刻な事態を打開するためには、一刻も早く前後策を講じなければならない」

すでに起こってしまった事件なり出来事なりの「後」始末として「善《よ》」い方「策」の意ですから「善後策」。事の起こる「前」に、起こった「後」の「策」が練れれば、それに越したことはありませんが……。（鷹）

●「案の上、間違えましたね」

「思ったとおり」「やっぱり」の意のアンノジョウ。この場合の「案」は予想の意。では「ジョウ」は？「上」だと意味をなさないし「条」でも苦しいし。……そのとおり、「～のとおり」という意味の「定」が来なければなりません。「案の定」で落ち着きましたね。

（魚）

●「彼らは交渉の糸口すら見い出せずにいた」

こんなふうによく見かけるのが「見い出す」という表記。「見え出す」の「え」同様、「い」も送りがなと解されてしまったらしい。しかし、

見えだす＝「見える」の連用形＋出す（だす）

に対し、

見いだす＝「見る」の連用形＋出す（いだす）

という語構成。見かけは似ていても構造はまったく別。したがって、「見い出す」はバツ。「みいだす」は「見出す」とすべきなのです。もちろん「見いだす」でもま

ったく問題なし。（猫）

●「そんな悪どい方法で、人々から金を搾り取っていたのである」

悪いんだから「悪どい」。理屈も通るし、正しいんじゃないの、と考えたあなた、ちょっと待ってください。なまじっか理屈で考えると、しっかり筋が通ってしまうからかえってまちがいやすいこともある。そんなときにはその語の使われ方の歴史的変遷をたどるのもひとつの方法。『暮らしのことば新語源辞典』で「あくどい」をひくと、

現代では「やり方がきたない」意で使うことが多いが、本来は、『炭俵』（一六九四年）の「同じ事　老の咄《はな》しの　あくどくて」のように、「色や味・話がくどい」意で使われた。アクは「あくの強い人」などのアクと同じで「灰汁《あく》」の意、ドイは「きわどい」などのドイと同じものである。なお、「悪毒」と書いた例もあり、現代のような意味に変化する契機の一つとなったが、語源とは無関係。また、類義語のクドイとも直接の関係は認められない。

とあります。他にも語源説はあるようですが、いずれにしても「あくどい」のもともとの用法にさかのぼると、「あく」に「悪」の字を当てるのは無理がありそうです。……ここで終われればメデタシメデタシですむんですが、『新明解国語辞典』には、

［表記］「悪どい」と書くこともある。

とあり、確かにいつの頃からか用例は確実に増えているようです。ためしにインターネットで「悪どい」を検索してみると数百万件もヒット……こうして時が経ちことばも姿を変えていくんですね。「悪どい」が市民権を得る日も近い、いやすでに得つつあると言っていいのかもしれません。（鵜）

●「華麗でなければショー足り得ない」

「ショーと呼ぶに足りない」と似ていることから混乱が生じたのでしょう。「たりえない」の「たり」は、助動詞の「たり（＝である）」。「たり」は格助詞「と」に動詞「あり」のついた「とあり」の変化したもので、動詞の「足る」「足りる」とは別。す

なわち、この例の「たり」を「足り」と書くのは誤りです。（魚）

●「いちいち挙げつらえばきりがないが、政治家たるもの……」

日本語表記の大前提として、中国生まれの漢字を用いてヤマトことばを書き表すという事情があります。それぞれまったく別の文化背景を担ったまったく異なる言語ですから、いろいろ無理が生じたり、問題が起こったりするのも当たり前といえば当たり前の話でしょう。

物事のよしあしや是非を論じる、とりわけ取るに足らぬ欠点などをことさら言い立てる意で使われる「あげつらう」の場合、『広辞苑』に《「あげ」は挙、「つらふ」はあれこれとする意》とあるように、語の成り立ちを説明する箇所には「挙」とあっても、表記として示されるのは「論う」のみ。要するに、語の意味としての成り立ちはどうであれ、一般的・伝統的な表記として定着してきたのは「論う」なのです。「挙」を用いるのは語の成り立ちから言って誤りではないかもしれないけれど、少なくとも一般的とは言いがたい用字だということになります。

同様の例にあたるのが「ちりばめる」「うずたかい」。ちりばめる——「鏤める」

記です。　　　　　　　　　　　　　　　　　　（鷹）

「散りばめる」、うずたかい――「堆い」「うず高い」、いずれも前者が定着している表

●「心無い仕打ちに打ちひしがれた彼女は、心無しか、心ここにあらずの風情で……」

実際のゲラで目にしたものをさらにこねくりまわしてとなると、やはりどこか不自然ですね。わざとらしい文例となってしまったことをまずは素直に認めて、いかがですか、表記として気になるところはありませんか。……結論から言ってしまうと「心無しか」の「無」は誤りということになりますが、順次見ていくことにしましょう。

冒頭の「心無い」は、まさに字義どおり、「心・情の無い」「非情な」の意。それに対し、問題箇所の「心なし」は、「気のせい、自分でそう思う」の意で、冒頭の「心無い」とは別語です。漢字で書くなら「心成し」または「心做し」「心為し」とするところです。

同じ「心」でも冒頭の「心」は誰かここには出てこない、彼女にむごい仕打ちに及んだ第三者のもの、次の「心」は話者・筆者の心で「私の気のせいか」となり、ここ

にあらずの「心」は彼女のものというわけです。　（鷹）

●「私立の名門S大に席をおく才媛」

自前の椅子を持ち込んでおいている、とでもいうならともかく（?）、学校や会社におく「せき」は「席」ではなくて「籍」。ちょっと立ち止まって考えてみればわかるものをつい、というパターンですが、その「つい」がくせもの。実はこれ、二十ン年前におかしてしまった、私自身の見落とし例のひとつ。誰にだってあやまちはあるもの、現に本日通勤途上で目にした某週刊誌の中吊り広告にもこの誤りがありました。やってるやってると妙に安心すると同時に、二十ン年前、先輩から勝ち誇ったように指摘されたことを思い出して、なんとも複雑な気分です。　（鷹）

● 「砲弾飛び交う前戦を突撃取材」

戦場で敵とじかに接するところ、いちばん危険な場所——ゼンセン。そんな前方では当然激しい戦いも繰りひろげられていることでしょうから、「前戦」と書きたくなるのもムベなるかな。けれども、「温暖ゼンセン」「梅雨ゼンセン」「桜ゼンセン」というときには、さすがに「前戦」では抵抗を覚えませんか。

敵に対する部隊が形作る横の線、第一線、境界をなす線ですから、ほころび始めた桜の木の下であれ、戦火の真っ直中であれ、「前線」が正解です。（猫）

● 「真犯人《ほんぼし》を首実験で判別する」

壁ぎわに一癖ありげな風体の男たちが並び、証人は別室からマジックミラーでのぞき見る。「どうです、この中に見覚えのある顔は？」

刑事物ドラマや映画によく出てくる、例のシーンですね。かつては、戦場で討ち取った敵の首を大将じきじきに検分することをさした「首実検」という語も、現在では、実際に会って本人かどうか確かめる意味で使われることが多いようです。（魚）

●「女優〇〇途中降番!?」

意味ありげな大見出しにつられスポーツ新聞や夕刊紙を思わず買ってはみたものの、たいした内容でなくがっかり、という経験は多かれ少なかれどなたもおありでしょう。「クソー、やられた」「ふふふ、やってくれるじゃないの」――反応はその時どきですが、ここで問題にしたいのは「降番」。

おじさま族の圧倒的な支持を集める某有名女優が、人気連続ドラマの主役を途中で降りるとか降りぬとか……。この「降番」、辞書類には見あたりません。辞書にないからダメ、と決めつけるのは野暮というものですが、もともと野球のピッチャーが試合途中で交代し、マウンド（のピッチャーズプレート＝投手板）を降りる、つまり「登板」の対義語の「降板」からきているようです。それがマウンドならぬ「番組」を降りるから「降番」。なるほど理にかなってはいるようですが、要は表記として定着しているかどうか。スポーツ新聞、夕刊紙、テレビのワイドショーなどでは、よく見るような気も……ということは早晩大手を振って……いやもうすでに大手を振っているのかな。微妙なところ。　　（鵜）

●「自由貿易の理念に乗っ取った合意の形成」

国際紛争とテロリズムの時代を生きるわれわれが「のっとる」と聞いて、条件反射的にハイジャックを思い浮かべてしまうのは悲劇的な現実と言えましょう。なるほど旅客機なら「乗っ取る」となるわけですが、理念に「乗っ取る」では、ね。この「のっとる」は、規準や手本として従う意の「則る」です。「法る」とも書きます。文語的というか、なにか堅苦しい印象を受けますね。日常生活ではあまり用いられない馴染みの薄い語ということなのでしょうか。常用漢字音訓表にも「則る」「法る」は採りあげられていません。（猫）

●「初期の目的を果たしたプロジェクトチームも無事解散することとなった」

初期の目的がすんだら、中期、後期と次々に目的が出てくるのではないの？　とイヤミのひとつも言いたくなります。ここは「期するところ」の意である「所期」です。（鵜）

●「生産ラインの再建、市場原理の導入、流通の整備、まずは経済問題への取り組みこそが新政権に下された市場命令といえた」

パソコンの変換ミスの典型的なもの、だと思います。「シジョウ」と「メイレイ」を別々に変換したところ、すぐ前に「市場」があるので、パソコンさんも、ほいまた来たぞと、自信をもって「市場」に……。

「私情命令」じゃなかった、「至上命令」ですね。　（猫）

●「水面化の攻防が鍵、今月中の協議再会は困難との見方」

これもひと昔前の誤変換の例で、「水面化」は「水面下」ですね。ただ例文のような、記事のタイトル、見出し、リード類は文字が大きく、文章として頭にインプットされにくいせいか、かえってするりと見逃してしまう傾向があるように思います。ましてひとつ誤りを発見してほっとすると、心理的にスキができるのでしょう、すぐ下の「再会」は「再開」だと案外気づかないものです。

言い訳じみて聞こえてしまいますかね、やっぱり。（魚）

●「鋭利な刃物による刺創だけでなく、鈍器による頭骸骨陥没も見られ……」

書店の棚もブックスタンドもミステリーの花盛り。いたるところ犯罪があふれ、たとえば通勤途上、電車に揺られ本をひろげるそこここの人びとの頭の中で殺人シーンが繰りひろげられていると考えると、なにか不思議な気がしませんか。それはさておき、「ズガイコツ」というのは、アタマのガイコツではなくて、脳を覆う骨のことで「ズガイ＋コツ」という構成の語。「頭蓋骨」と表記し、「とうがいこつ」とも言いま

す。「ガイ＝蓋」の訓は「ふた」で、口蓋骨、膝蓋骨《しつがい》もこの仲間です。（猫）

●「検死の結果、被害者は性交為の直後に絞殺されたものであることが判明した」

前項に続いてミステリーから同種のものを。性交を為《な》すわけだから「性交為」としてしまったというわけでしょうが、「セイコウイ」は「セイコウ＋イ」ではなくて「セイ＋コウイ」、すなわち「性行為」。

と、ここで俄然頭をもたげるのが「性交」と「性行為」はどう違うのか、という疑問。さっそく『類語大辞典』をめくると、

【性交】異性と性器を接して性的に交わること。

【性行為】性的な欲望を満足させるために行う（性交をともなう）行為。

……なるほど。「性行為」全般の中に「性交」が含まれると解釈できそうです。「性交」は「する」を伴って、いわゆる「サ変動詞」として用いられるのに対し、「性行為」は「性行為する」という形では用いられないという用法の違いもあります。（鵜）

## ●「横町の腕白どもに寺小屋で読み書きを教える牢人、実は凄腕の人斬り稼業」

さらに引きつづき同種のものを。ただし今回ミステリーはミステリーでも江戸の町を舞台にした捕物帳から。時代劇でお馴染みのように、当時の庶民にいわゆる「読み書きそろばん」を教え、民間の初等教育機関として機能していたのが「テラコヤ」。「寺小屋」という表記は、『日本国語大辞典』をはじめとして採用している辞書もあり、誤りとは言えませんが、本来の語構成は「テラ＋コヤ」ではなく「テラコ＋ヤ」であることに御注意を。ここに通っていた子どもを「寺子」と呼び、彼らの学ぶ場なので「寺子屋」というわけです。

他の気になる語についても見ておきましょう。まず「牢人」。「浪人」の間違いではないか、とお考えになった方も多いでしょう。しかし、「ロウニン」は「浪人」でも「牢人」でもオーケーです。さすがに入試に落ちた受験生を「牢人」とは書かないでしょうが……。

「稼業」はどうかな、「家業」かな、とお考えになった方もいらっしゃるでしょう。『新明解国語辞典』では、

【家業】その家の（世襲的な）職業や商売。
【稼業】収入源としての職業。

とあります。また、『類語大辞典』には「稼業」は「渡世」の類義語として並んでいますから、この場合「稼業」が適当でしょう。武家たる者、〝人斬り〟こそ家業と言われてしまえばそれまでですが。（魚）

●「ライバルに追いつかれ、ついには追いていかれてしまった」

ものには勢いというのがあって、「追いつかれ」ときたから、ついつい「追いていかれた」とつづけてしまったわけでしょうね。勢いあまって暴走、脱線の末に「置いていかれ」るなんてことのないようくれぐれも御注意を。（鵜）

●「山間に異様を誇る大伽藍」

「山間に異様な大伽藍」というなら、それはそれで納得。しかし、「〜を誇る」とくれば「異様」は異様ですね。「異様」は、まず姿形が普通とはひどく違っていて風変わり、どちらかといえば怪しい、疑わしいというニュアンスがあってあまり誇ってほしくない……。さらに言えば、実際に用いられる場面では「異様な」「異様だ」など形容動詞の形をとるケースが多いのも、落ち着きの悪さを助長しています。「誇る」以上は、建造物が立派ですぐれている「偉容」か、威厳を感じさせ堂々としている「威容」としたいところです。（鵜）

●「報道の加熱ぶりが事態を歪めなかったか、検証が必要とされる」

報道の一翼を担う出版社に身を置く者として、謙虚に受け止めたい一文です。したがって鬼の首でも取ったように言いつのる気は毛頭ないのですが、なにも熱を加える意思などないわけですから、この文脈で「加熱」はいただけません。意思がないにもかかわらず、抑えがきかず、必要以上に熱くなることですから「過熱」と表記すべきです。（猫）

●「全自動でフラッシュ内臓は当たり前という昨今のカメラ」

　豊かで元気な熟年世代の趣味がますますひろがりを見せる時代。この例文は自分で手製のカメラを作ってみよう、という記事からです。「内臓」なるもの、言うまでもなく動物の器官のことですから、「フラッシュ内臓」はなんともグロテスク。カメラ本体の内におさめ持っている意味で「内蔵」が妥当です。カメラにとってフラッシュは肝臓であり胃腸であり、という主張が仮にあるとしても、例文のままでは無理でしょう。

（鵜）

## ●「いかなる事前行為も、アポロンの信託の前には無力だった」

これってどういう意味だと思います？　前後を読まなくてはとてもわかりませんよね、前後を読んでいてもなかなかわからなかったくらいですから。

ギリシア悲劇に関する文章の一節で、アポロンとくれば言わずと知れた太陽の神、オリンポス十二神の中でも知名度の高い存在と言えましょう。とすれば「信託」には違和感を覚えます。アポロン信託銀行の資産運用には定評があって……なんてわけはありませんから、やっぱり神のお告げを意味する「神託」でなくては、とここまではすんなりいったのですが……。

ひっかかったのは「事前行為」。文章の流れから浮き上がっていて、なんとも釈然としない。しばらく考え込んではみたものの、カンの働かないときは本当に働かないものですね、不思議なくらい。バイオリズムっていうの、確かにあるのかもしれません。思わず溜め息が出て、これは気分転換が必要かな、と席を立とうとしたときでした……もしかして「慈善行為」の間違いじゃないの、と気づいたのは。

気づいてしまえば、ことは簡単。気づくまでどうしてこんなに時間がかかったのか、と戸惑いを覚えるほど。

いかに高潔な、自己犠牲をも厭《いと》わぬ献身をもってしても、およそ人間の営みが、神の意思を覆すことなどありえない——ギリシア悲劇を貫くのは運命であり、宿命でした……。　（猫）

●「久しぶりだ、君、今夜は多いに語ろうじゃないか」

卒業後それぞれの道を歩んでいた旧友が顔を合わせた場面での台詞ですから、積もり積もった話は夜を徹しても語り尽くせないほど「多い」のでしょう。しかし、だからといって「おおいに」は「多いに」とは書きません。「大いに」ですから、お間違いなきよう。

「多」と「大」はもともと同源で、『大辞林』には《古く「おほし」は「多」「大」の両方の意味を表したが、後に「多し」と「大きなり」に分化した》とあります。「大きなり」から「大いなり」に転じ、この形容動詞の活用形から「大いなる」「大いに」など現在でも多用されることばが出現した、という流れだと思われます。

関西地方で広く感謝、御礼の気持ちをこめて交わされる挨拶「おおきに」も、「大きなり」に発することばですから、漢字を用いて表記する場合には「大きに」となります。

（猫）

●「どんな局面においても完璧を期する、それが彼の強みでもあれば弱みでもあった」

例文中には誤りが一ヵ所あります。さあどこでしょう……と目を凝らせばおわかりのことと思います。「璧」とあるべきところが「壁」となっていますね。

カンペキのペキは「璧《へき》」で、「薄く環状に作った玉」の意。古代中国では祭器・宝物として愛好されたようですが、「きずのないすぐれた玉」だからこそ、欠点なくすぐれてよいことになるのです。「壁《かべ》」では、まったく意味をなしません。

同じく「璧」を用いる熟語に「双璧」があります。一対（双）の宝石、の意から「優劣つけがたい二つのスグレモノ」を指します。双つの壁に挟まれたのでは……あまりに救いがありません。

このように形のよく似た漢字がさまざまあって、ややもすれば混乱を招きがちなのは、日々体験するところです。微—徴、待—侍、遺—遣、因—困、日—曰、緑—縁、王—壬、桜—楼、徹—撤—撒、担—坦……など、多出する代表的なものですが、実は校閲に際して要注意事項の基本中の基本。これらの文字を目にすると、一瞬必ず確認するのがわれわれの習性です。

人間のやること、誤植のない本はないと言って過言ではないと思いますし、なかには愛嬌と頬笑んでしまうものや、かえって味わい深いものになったというケースもありえましょう。しかし、今ここで挙げた類の誤植があまりに目につくようなら正直言って手抜き、あるいは、少なくともなんらかの事情で不完全なまま出回ってしまったものと考えて差しつかえありません。内部告発というほど大袈裟なものではありませんが、そう断言いたします。（鷹）

## ●「片ひじ張って荒くれ男に伍してゆく」

接頭語の「片」は、二つ揃ったものの一方とか、分量的にわずかであるとか、中心に対する周縁、かたよりの意で、「片思いの彼女」「片言の日本語」「片時も忘れない」「片田舎の侘び住まい」などと用いられるお馴染みのものです。そこで例文を読みなおすと、片一方のひじを張って、とわざわざ「片」と強調するのも不自然。ここは「肩ひじ」、肩と肘（肱）を張っているからこそ気負い立つ表情になるわけです。

これにて一件落着としてもいいのですが、一人前の校閲技量を持っているかどうかの分水嶺となるのがここ。誤りを指摘してほっとするのもいいけれど、そこでもう一回踏みとどまってほしい。校閲とはなにより批評精神である、という私の持論からすれば、自分の下した一応の結論に対しても批評的でありうるかどうか、と言い換えても構いません。

もう一度虚心に読み直す。「片ひじ」は確かにおかしい。しかし「肩ひじ」とは別の可能性もあるのではないか。……そう、もしかしたら「片いじ」の間違い、ということだって。ローマ字入力なら「h」が入ったか否かにすぎない問題、これくらいのミスタッチは日常茶飯事と言っていいでしょう。「片いじ」、つまり「片意地を張る」

なら、頑なに自分を押し通すの意、例文中にあってもおかしくないですし、この場合は接頭語の「片」が生きるというわけです。

　文脈全体を見ない限りなんとも言えませんが、少なくともこの例文段階で「肩肘」「片意地」両者の可能性を読み取れる、これで一人前……なかなか難しいのです。

（鷹）

●「次年度の消費動向をシュミレーションしてみると、以下のとおりとなる」

　各地の方言事情まで話をひろげると確信を持てませんが、一般に日本語には「ミュ」という発音例が少なく、馴染みにくいのではないでしょうか。「シミュレーション」とされるべき simulation がシュミレーションと表記されている例を多く目にします。

　実は、二〇〇三年十一月に国立国語研究所がまとめた冊子『「外来語」言い換え提案』にもこの語は採り上げられておらず、外来語として定着に向かっていると思われる一方、六十歳以上では半数以上が意味をわかっていないとのこと。言い換えや説明付与をするなら、と「模擬実験」「想定実験」「模擬行動」「模擬訓練」などを候補に掲げています。いずれにせよ、コンピューターの普及とともに急速に使用頻度を増してきている語であることは間違いないでしょう。

ついでながら先輩諸氏に一言。「どう、今夜あたりコミュニケーション不足を補わない？」と誘っていただくのはありがたいのですが、「コミニュケーション」「コミニケーション」としか聞こえないことがしばしば。これまた同様の例ですね。持って回った言い方をせず、「おい、飲みに行こうぜ」、それで充分、お供いたします。（魚）

# 座談会　字形類似

**猫**　「鷹」さんから形のよく似た文字による混乱の話——私たちはふだんこれを「字形類似」の問題と呼びならわしています——が出ました。ここで、少しまとめておきませんか。

**鵜**　そうですね。網—綱、候—侯、盂—孟、延—廷、崇—祟……具体例には事欠きません。

**鷹**　以前のように印刷所の方が生の原稿片手に一本一本活字を拾い、版を組むというケースが減って、作家や記者の書いたものがデータ化され、そのままゲラにという時代ですから、誤字誤植の主流は「字形類似」から「変換ミス」へ、つまり同音のことばの混乱、誤りへとシフトしているとの認識が一般的ではありますが……。

**鵜**　文字の形の相似ゆえに生み落とされる悲喜劇がなくなることは決してないでしょうね、文字表記の圧倒的な多様性と情報量、人間の視覚との関係を考えれば。そもそもの誤解、誤読から始まって、うっかりミス、錯覚……視覚的な記号として

**魚** 文字が存在する限りはね。現に、先ほどまで目を通していたゲラは明治憲法下の天皇の統帥権にかかわるものでしたけれど、ご丁寧に「帥」はすべて「師」になっていましたし、戦艦の「艦」に「鑑」の入っている箇所もありました。

**魚** そういうのを見つけたときって、校閲者冥利に尽きるというか、やった！　と思いますよね。もっとも、われわれがいくら注意していても、印刷所の使う文字のデザインとか書体によっては、不可抗力で起こる取り違えっていうのもあるんじゃないでしょうか。

**鷹** どうもキミが言うと言い訳じみて聞こえる（笑）。

**魚** 自分でもそう感じていました（笑）。……先日ゲラに「刺身」とあって、あの鮪や鯛のサシミですね、「刺」の字をよくよく見ても溌剌《はつらつ》の「剌」かどうか判別できない。小さな文字の並ぶお店の紹介記事の中でしたし、こちらが判読できないくらいだから推定無罪、ま、いいやとそのままにしましたけれど。あるでしょう、そういうケースって。

**猫** ありますね、そういうこと。軍記物によく出てくるカッチュウ、「甲冑」が正解で「冑」は「かぶと」の意なんですが、これとそっくりなのが「胄」、しかもどちらもチュウ。下半身（？）に注目するとちょっと痩せてるって感じかな、とに

**魚**　かく跡継ぎとか子孫とかを意味するまったくの別字です。だけどインクなんかちょっと滲《にじ》んでいたりすればまずアウト、どちらの文字かわかりませんね。究極の、と言うと大袈裟だけど、もう本当に書体のデザイン任せって割り切るしかないのが「こけら落とし」の「杮《こけら》」でしょうね。「こけら」は木のけずり屑、木片の意味で、工事の最後にこの屑を払うところから、「こけら落とし」は新築あるいは改築なった劇場などで初めに行われる興行を指すようになった。

**猫**　要するに秋に赤い実のなる、あの「柿《かき》」とは縁もゆかりもないわけよね。その証拠に「かき」の音は「市」や「姉」なんかと同様「シ」なのに対して、「こけら」は「ハイ」ですから。

**鶉**　さあてこの「柿」と「杮」、はたしてどこが違うのか。ま、これは興味を覚えた方々に向けたクイズということにしてはいかがでしょう。ヒントは「かき」のほうが一画多い。漢和辞典で得心のゆくまでお調べになるのも一興か、と……。

**鷹**　ちょっと無責任な気もするけれど、たまにはいいかもしれない、下手に説明するよりは(笑)。それから「字形類似」というと、とかく漢字ばかり考えがちだけれど、仮名にだってこの問題は起こるよ。

**鶉**　考えてみれば、カタカナの「ロ」と漢字の「口」なんて図形の構造としての差異

猫　はない、「異字同形」とでも言うべきところですね。なんとなくニュアンスで区別しているだけで、書体によって非常に似てくるのは、当然といえば当然。

魚　カタカナの「へ」と平仮名の「へ」とか。

鷹　カタカナの「カ」と漢字の「力」。

鵜　ずいぶん昔の話になるけど、お菓子メーカーの「ロッテ」にあやかって、「ロッチ」なる社名を名乗った詐欺があった。

魚　「コカ・コーラ」ならぬ「コラ・コーラ」を飲まされたとか、「カルピス」の安売りと聞いてようく見てみたら「カルピース」だったとか。

鵜　そこまでくると実体不明の風評というか、例の都市伝説ってやつじゃありませんか。

鷹　そうそう、どこまで本当かわかりませんね。

猫　本当かどうかわからないついでに、こんなのもあるよ。戦後、テレビが普及する以前、大衆的娯楽を引き受けていた各種興行の世界での話なんだが、「美空ひばり来る！」の看板で客がわんさか集まったっていう。

鵜　「ひはり」を勝手に「ひばり」と誤読してしまったほうが悪いって論理ですね。

猫　だまされたほうもだまされたほうで、こんな値段、こんな劇場で「ひばり」を見

猫　られるわけはない、どうにも仕方ないなっていう気分で受け入れちゃっている。

魚　なんかセピア色した場末の安キャバレー、ナイトクラブなんていうたたずまいが目に浮かびます。そうそう「美空ひはり」で思い出しましたが、昭和の喜劇王と呼ばれた役者、榎本健一の名は聞いたことがあると思うけれど、彼についても同じようなエピソードを聞いたことがある。

鵜　昭和の浅草華やかなりし頃の大スターでしょ。

鷹　ということは「榎木健一来る！」か「榎本建一来る！」あたりですかね。

（笑）惜しいね、しかしそれじゃあ「美空ひはり」ほどのインパクトがない。どうせだまされるにしても、やられたって思わず笑ってしまうようなインパクトがほしいよね。それで正解は……？

鵜　……「エノケソ」。

魚　そりゃいったいなんなんですか。

鷹　榎本健一は「エノケン」と略称で呼ばれていたからね。

猫　そりゃ人気者が略称で呼ばれるってのはわかりますよ、現在だってそうですもの。しかし「エノケソ」はいくらなんでも。

魚　「美空ひはり」ならうらぶれた、いかにも不幸を背負ってます、みたいなニセモノの演歌歌手をそれなりに想像できるけれど……。

**鶉**　そりゃそうだねえ。だいいち国籍不明だよね。

**猫**　性別だって不明です。

**魚**　個人かグループかもわかりゃしない。

**鷹**　でも、だからこそなんでもやれる、ってことでもあるよ。その舞台観てみたかったね（笑）。

**鶉**　まがい物の悲哀と、やけくその明るさですかね。

# 第2章

# なめるべきは炭か胆か？

●「前後左右を敵に囲まれた。絶対絶命のピンチである」

国語の書き取りや入社試験などでも出題される頻度の高いおなじみのもの。それだけ誤記が流布している証拠でもありましょう。正解は「絶体絶命」。『大辞林』によれば、《「絶体」「絶命」ともに九星占いでいう凶星の名》なんだそうですが、要は、体も命も進退きわまり、のっぴきならない状態としっかり頭にたたきこんでおけば、以後、絶対混乱することはないでしょう。（魚）

●「被災者たちは、行政の対応の鈍さを異句同音に批判した」

週刊誌などでするする読んでいると、なんとなくおさまりのいいような気になる四字熟語。しかし、よく考えてみてください。異なる文句を同じ音で……というのはどういうことなんでしょうか。

多くの人たちが一様に「口」をそろえて同じことば、すなわち「音声」を発するわけですから「異口同音」です。（猫）

●「あんたら最近たるんでまんな。ちょっくら喝入れてやらなあかんのとちゃうか」

同じ台詞でも関西弁（?）だと迫力満点。しかし私たち別に修行中の身というわけじゃありませんから。

気絶した人を生き返らせたり、元気のない人を活気づけるのは「活を入れる」。「活」は、禅宗で励まし叱るときの叫び声「喝」とよく混同されます。「喝」と大声を発して活を入れるんだから、と言われても、「喝を入れる」という表現はまだ熟しているとは言えないでしょう。

（猫）

## ●「地価の高騰は、高度経済成長と期を一にしていた」

成句「キヲイツニスル」で「一にする」のは「軌（または「揆」）」。「軌」は車の通った後のわだちのことですから、わだちがぴったり一致するように行き方が同一である、すなわち、方法、方針、立場などが同じであるという意味になります（ちなみに「揆」はやり方、方法の意）。「その見解で彼と私は軌を一にする」「停戦に合意した背景には、国際社会で双方が軌を一にせざるを得ぬ要因があった」などのように用いられるのが普通です。

ところが最近よく見かけるんですね、もしかしたら本来の成句の用例より多いかもしれない、「期」や「機」を「一にする」例。文例のように時を同じくして、同時期に、を表していることがわかります。文法的に誤りか、と問われれば語法としては問題なし、と答えざるを得ません。

それでもやはり気になります。この成句があまりに人口に膾炙《かいしゃ》しているので、いかに語法上の問題がないとはいえ、いつの日にか「期」や「機」も充分な市民権を得る日がくるかもしれないとはいえ、違和感を禁じ得ないのです。そこで、われわれとしては著者、読者、刊行の形などを考慮したうえ、伝家の宝刀というほどのものではありませんけれど、赤ペンではなくエンピツを取り出し注意書きに及びます。感謝のことばをいただくのはまれですし、かえって慇懃無礼《いんぎんぶれい》で不快だとお叱りを受けるケースもありますが、このエンピツ入れこそ、われわれの存在理由、レーゾンデートルだと自負しております。別に気負いというわけではなく。（鷹）

●「いつも汚いカッコばかりしているあの子でも、きちんとネクタイなんか締めると見違えるねえ。ほんと、孫にも衣装とはよく言ったものだわ」

よく言ったものだわって、だれも「孫にも衣装」なんて言ってません。かつて人や荷物をのせた馬を引くことを仕事にしていた「馬子《まご》」と呼ばれる人たちがいました。仕事柄、身なりなどにはかまっていられなかったでしょう。そんな馬子でも、着飾れば立派に見える――というわけで「馬子にも衣装」とは、『岩波国語辞典』によれば、《だれでも外面を飾ればりっぱに見える》意。

そう言われてもくれぐれも喜んだりしないように。ほめられたのは、衣装ですから。（鵜）

●「この目的を遂げるためには臥薪嘗炭、何があっても諦めないと心に誓った」

挫折から立ち上がってこそ人は本物の栄光を手にできる。感動的な成功体験談からの一文ですが、それにしても、目的を達成するために艱難辛苦《かんなんしんく》して恨みを忘れないようにすることを、薪の上に寝、炭をなめると表現するなんて、さすが中国四千年の歴史、よくできた四字熟語だなあ、などと感心してはいけません。なめたのは「炭」ではなくて「胆」、すなわち「きも」ですから「臥薪嘗胆《がしんしょうたん》」です。

ところで、ここで言う「きも」にはどんないわれがあるのでしょうか。『暮らしのことば新語源辞典』には、《この四字熟語は、中国の歴史書『十八史略』の「春秋戦国」に見える次の故事に基づく》として、

今から二五〇〇年ぐらい昔の中国の春秋時代に、呉《ご》と越《えつ》という二つの国が長い間争っていた。呉王の闔廬《こうりょ》は越との戦いに敗《やぶ》れて死んだ。闔廬の息子である夫差《ふさ》は父の仇《あだ》を討つために、固い薪の上に寝る痛みで、父の恨みを忘れないように復讐心を奮い立たせつづけた。ついに三年後、越王の勾践《こうせん》を会稽山《かいけいざん》で降伏させた。敗れた勾践は夫差の臣下になる条件（絶世の美女である妃《きさき》の西施《せいし》を献上すること）で、一命を

つなぎ国に逃げ帰った。越は呉の属国となった。しかし、勾践は会稽山での屈辱を忘れないように毎日苦い熊の胆を室内に掛けてこれを嘗め、着々と国の再興を図り、十数年後、呉（夫差）を滅ぼし、その無念を晴らした。

とあります。

ついつい長い引用になってしまいましたが、熊の胆だからこそ忘れないのであって、牛豚のレバー焼きや鰻のきも吸いであったらたちどころに忘却のかなたとなるところでしょう。

（鵜）

●「厚顔無知な収賄官僚」

このお役人、ひょっとして収賄は公務員として許されざる犯罪であることを知らないのでしょうか。「無知」ゆえに株も現金も受け取り放題、接待ゴルフに銀座のクラブ、癒着業者に手心加えていけしゃあしゃあとしていられたというのでしょうか。「厚顔」は面の皮が厚い、つまりあつかましいこと。なるほど一般的に「無知」な者ほど厚顔になりがちな傾向があるとは言えそうです。しかし、成語としては「厚顔無恥」。厚かましくて恥知らずの意です。（猫）

●「芸能人のスキャンダルに興味深々、ワイドショーが楽しみ……」

そんなこと気にかけるのはミーハーだと思いながらも、ついつい。要するに、抑えがたい好奇心、ですね。このように興味が「絶えずあふれ出て尽きないさま」が興味シンシンで、シンシンは「津々」と書きます。「深々」は「興味深い」という言い方につられて出てきた勘違いでしょうか。（魚）

●「事故の顚末を最大漏らさず報告する」

何事によらず、事実に基づき正確に相手に伝えるのは至難の業。大切なことを最大限漏らさずに伝えたい……心構えとしては立派ですが、「サイダイモラサズ」の「サイダイ」は「最大限」の「最大」ではなく「細大」。細かいことも大きいこともすべて洗いざらい、という意味です。　（鵜）

●「このとき囁かれた亡母の言葉を肝に命じて生きてきました」

しっかり記憶にとどめ忘れないようにするのが「キモに、めいずる」。「キモ」はアンコウのキモ、「キモッタマ」のキモで、肝臓の「肝」、胆囊の「胆」、どちらでもOK。五臓六腑（特に肝臓）を表すことから気力・胆力など精神的な意に用いられ、「キモが据わる」とか「キモを冷やす」とか多くの成句があります。例文のものもそのひとつですが、なにも、命令するというわけではない。命令したりされたりという関係にはありません。ここは「銘ずる」、キモに刻みつけるんですね。　（鵜）

●「あの男は、まだ若いのに、自分を厳しく律し、血のにじむような努力をしている。後世おそるべし」

「後世」は「のちの世」。こんな立派な若者がのちのちどんな世の中に出くわすことになるのだろうか、考えるだけでもおそろしい、だから「後世おそるべし」。なんだかわかったようなわからぬような。

これは『論語』に出典が求められる成句で、「こうせい」は自分の後から生まれたり学んだりする人の意の「後生」とあるべきところ。ちなみに「後生」の対語が「先生」。したがって「後生おそるべし」とは、《後から生まれてくる者は、これからどれほどの力量を示すかはかり知れないから、おそれなければならない》（『日本国語大辞典』）ということ。

某出版社の入社試験漢字穴埋め問題で、「後□おそるべし」と出題したところ〝妻〟という答えの多さにびっくりしたとか。なるほど。考えさせられますね。……正解とはいかなくとも、せめてサンカクとしたのかどうかまでは聞き忘れましたが。

（鵜）

●「妹の言い訳に怒り心頭に達した父は、家の外まで聞こえるような大声で怒鳴りつけた」

この原稿を読んでいてハタと思いあたったのが「頭に来る」という表現。そうだこの表現が筆者の頭に深くしみこんでいたために、つい「達する」としてしまったんじゃないだろうか――仮説にすぎないと言われればそれまでですが、この仮説、我ながらイイ線いってると思うんです……。それはさておき、「心頭」は「あたま」ではなくて「心（の中）」の意、そこに怒りが生じるのですから「発する」、早い話が「怒り」の発進地点か到達地点かという問題です。（鵜）

●「やれることはすべてやった。これでだめなら万事窮すだ」

「万事」はすべてのこと、「窮す」は行き詰まってすっかり困る意。それではこれにて一件落着、……というわけにはいきません。

中国は十世紀のお話。荊南《けいなん》という小国に従誨《じゅうかい》という君主がおりました。年をとってからできた子はかわいいもので、十番目の子・保勗《ほきょく》を溺愛、その度を超した親馬鹿ぶりを見た人々は「万事休す」と嘆じました。案の定、世を継いだ保勗は淫乱・奢侈《しゃし》、すっかり世は乱れ、彼の死の翌年、国は滅びてしまいました――この故事の出典は『宋史』ですが、この「休す」は「休《やす》む」意ではなくて「休《や》む（終わりになる）」意。したがって、「万事休す」には、万策尽きた、もはやどうしようもない、そんな絶望的な思いが込められています。（猫）

●「去年別れた彼と、先日ふとしたことで再会。焼けぼっ栗に火がついたというか……」

パリの秋にふさわしいのは色づいたマロニエの葉と焼き栗の香り、などと申しますが、はたして「ぼっ栗」とはどんな栗なんでしょうか？　松ぼっくりとなにか関係があるのでしょうか。あまり考えこむとこちらが混乱しそう。単純に「ぼっくい」と「ぼっくり」、音の近さから生じた誤記でしょう。この筆者、普段から「ぼっくり」と発音しているのかもしれません。

ちなみに『暮らしのことば新語源辞典』には、《「焼けぼっくい」は、燃えさしの木の切り株や木片のことで、「ぼっくい」は「棒杭《ぼうくい》」が音変化した語。焼けた棒杭は火が消えたように見えてもふたたび火がつきやすい。そこから、すぐ燃え出す関係、とくに男女関係について言うようになった》とあります。

（魚）

●「朝礼暮改の経済政策が海外投資家の不信を招く」

二字の熟語が組み合わさって四字（以上の）熟語を構成する場合、二字ずつ文字変換することで思いがけないミスの生じることがあります。ゆっくり確かめながら読み返していただけば、すぐに誤りは見つかることと思います。「経済政策」も「海外投資家」もオーケーですね。ということは……。朝に出した命令が夕方には変えられる、法令が出てもくるくる変更されてあてにならないことですから、チョウレイボカイは「朝令暮改」。校長センセイのお出ましになる「朝礼」とは関係ありません。（魚）

●「逃げ場のないイジメの継続が、彼の中に次第に孤立無縁な無力感を醸成していったのだった」

重過ぎる例文の内容に、中途半端なコメントは差し控えましょう。しかし「コリツムエン」は、孤立して世の中の縁を絶たれたということではありません。孤立して援助のない状態を言うのです。したがって、「無縁」ではなくて「無援」、「孤立無援」

です。　　　　　　　　　　　　　　　　　　（鷹）

●「シンデレラの姿を目にするや、白雪姫は間髪を入れずガラスの靴を投げつけました」

王子様をめぐる痴情怨恨か？　はたまたドタバタコメディか？「おとぎの国」の出来事は大いに気になるところではありますが、声に出して読みあげてみてください、「間髪を入れず」と。いかがですか？「カンパツをいれず」と読まれた方も多かったのではないでしょうか。その背景には、「間髪」をひとつの熟語だと意識する傾向が強くあるのだと思われます。意地悪くつっこみますけれど、それなら「間髪」ってどういう意味ですか？

たとえば『岩波国語辞典』の「間髪を入れず」の項目には、

〔連語〕ほとんど間《ま》を置かず、すぐに。▽間に髪一筋を入れる余地もない意。「間髪」を「かんぱつ」と読むのは誤り。

とあります。すなわち「かんはつ」。もっと言うと「かん、はつをいれず」であって、「間髪」という熟語ではありません。口やかましいようですが、「かん、はつ」とはっきり区切って発音することで、はじめて正確な意味が伝わるというものです。

この成句は中国、漢代の文献にすでに見られるとのことですが、そこでは「間髪を容れず」と「容」の字が用いられています。しかし意味に齟齬《そご》をきたすわけではありませんし、少なくとも現代の日本では「入れず」がすっかり定着しています。定着どころかこちらのほうが多く用いられると言ってもいいくらい。したがってどちらでもお好きなほうをお使いいただいて、いっこうに差し支えありません。（魚）

●「そのパーティーの出席者名簿には、今をときめく各界の名士たちが、きら星のごとく名を連ねていた」

華々しく美しいものの形容としてよくお目にかかる「きら星」。現在は「きらぼし」と読まれる方が多数派で、キンキンキラキラ夜空に輝く星の意味に使われています。しかしこれも「間髪」と同じパターンで、「きら、星のごとく」と区切って読むのが本来です。というのも、「きら」を漢字で書けば「綺羅」で、「綺」はあやぎぬ、

「羅」はうすぎぬの意。つまり、美しくきらびやかな衣装のこと。きらびやかないでたちが夜空に輝く星のようだ、というのがもともとの意味なんですね。

もっとも、「間髪」の場合と違って、「きら星」はかなり古い時代から夜空に輝く星の意に用いる例があらわれ、今やすっかり一般的になっており、辞書類も「きらぼし」で立項しています。成り立ちはどうあれ、現在では別語として扱うのが実際的でしょう。

「間髪を入れず」「きら星のごとく」に似た例として、「習い性となる」という成句も触れておきましょう。「習い性《しょう》、となる」ではなく、「習い、性《せい》となる」が本来の形ですが、「習い性《しょう》＝習性」と思われがちなせいか、「ならいしょう」なる語が『広辞苑』は第四版から、『大辞林』は第二版からと、ともに一九九〇年代に出た版から載るようになりました。

（猫）

座談会　仮名遣い

魚　日本語の表記は、中国伝来の漢字とそこから編み出された仮名が基軸になっています。仮名遣いには仮名遣いでいろいろ問題があるのに、どうしても漢字に話題が傾きがちですね。

鷹　量的になんといっても漢字は圧倒的だし……。まあ特別に意識しているつもりはないけれど、仮名遣いについてはどこか潜在的に逃げている部分があるかもしれない。それだけ難しいってことかな、どうさばいていいか。

猫　この際、集中的に採り上げてみましょうか。

鷹　さばき方が難しいってことはあんまりおもしろい話になんない、って言外にほのめかしたつもりなんだけど（笑）。

鶉　ま、やってみましょうか。いずれ避けては通れぬ問題ですから。

猫　まず日本語を表記するのに、異なる言語、異なる文化圏で生まれた漢字だけという状況を考えてみてください。何もかも漢字、それこそ漫画のセリフからレストランのメニュー、映画の字幕にいたるまで、ことごとく漢字だらけ、全部漢文。

頭の中に浮かんだことばを語るのと書くのといつもちぐはぐ、読み書きすべて翻訳作業……。

**鵜**　究極の言文不一致といったところですね。

**猫**　仮名が発明されていなかったら、単に『源氏物語』は成立しなかった、王朝文学はどうなっていたかわからない、なんてレベルじゃありません。その後「日本」と呼ばれることになる、ある種のまとまりというか文化的統合みたいなものが未成立のまま、ばらばらに雲散霧消していたかもしれない。

**鵜**　ずいぶんはしょった結論ではあるけれど、必ずしも大袈裟とは思えません。それがはたして良かったのかどうかはまったくの別問題ですがね。

**魚**　その仮名には発生の違いから、平仮名と片仮名があるわけですが、いずれも漢字をもとに生まれた「表音文字」であるというところに基本的な機能があるわけですよね。

**鵜**　漢字が意味を表す「表意文字」であるのに対して、仮名は音を表す「表音文字」、アルファベットやハングルもこの仲間ですね。いずれにせよ「猫」さんが言っていたように表音文字の発明で表記の自由度は飛躍的に高くなった。この島国に住む民が、文字による伝達の重要性を認識した結果やっと手にした、自分たちのことばにふさわしい表記手段だった。ただし、ここで確認しておかなくてはならないのは、それじゃあ仮名は百パーセント「表音文字」かと問われれば、かなりの部分で「表意」的要素を持っていて、いわゆる「現代仮名遣い」もその要素を多分にとどめているということです。

**鷹**　わかりやすい例で言えば「は」とか「へ」。「私は泣いています」なんていうとき、完全なる表音主義を取るなら「は」を「わ」とすべき、となる。しかしそうはならない。教育のせいと言われればそのとおりだけれど、少しでも日本語表記を齧《かじ》れば、子どもでも気持ち悪い、収まりが悪いという気になる。「へ」と「え」についても同様の使い分けがある、助詞の重要さとあいまって、要するに「表意」的要素なんだね。

**鵜**　仮名にかかわる問題のほとんどは、煎じ詰めればここに起因すると言えるでしょうね。

**魚**　もっとも混乱しているのが「ぢ」と「づ」。少なくとも現代の発音はそれぞれ「じ」「ず」と同じで、「じ」「ず」を用いるのが基本ですが、一九八六年の内閣告示による『現代仮名遣い』では、同音の連呼か二語の連合、いずれかによって生じた場合は「ぢ」「づ」を用いるとあります。

鷹　現代の仮名遣いで「ぢ」「づ」を使う、言い換えれば旧仮名遣いの「ぢ」「づ」をそのまま踏襲せざるを得なかったのは例外的なケースということだね。そこでまずは「ぢ」の場合、「ちぢむ」「ちぢれる」や「思いはちぢに乱れ」なんていうのが同音の連呼の例。

猫　感覚的にはピンときますね。

鵜　所詮感覚的でしかありえない側面があるんです。もう何年も前になりますが、今や大家であらせられる某作家の原稿に「いちぢく」とあって、これはたまたま[chi]と[ji]が隣り合っているけれど同音の連呼の例ではなく、旧仮名遣いでも「いちじく」ですよね。当然「じ」になおしたんだけれど、大目玉食らいました。挙げ句に「校閲の分際でこんな生意気な赤字を入れおって」みたいなこと、けっこう読者の多い雑誌の座談会でも言われてね、若かったから傷つきました……大先生曰く「仮名遣いは感覚の問題なんだから、青二才がつべこべ言うな」ということに尽きるんでしょう。

猫　それなら何もわたしたちが介在する必要はないですよね。

鵜　まあまあ……（笑）。繰り返しておきますが「いちぢく」は誤りです。しかし、誤りのほうが感覚的なレベルでしっくりくるというケースはありうる。たとえば泥鰌をくわせる小料理屋なんかではよく「どぜう」なんて表記されているけれど、「どじょう」を旧仮名で書けば「どぢやう」ですから、これなんかも誤用の定着と言っていいでしょう。「どぜう」のほうが身がしまってイキのよさそうな感じというのは否定できませんよね。

**鷹** (笑) 本筋に話を戻すよ。二語の連合による「ぢ」の用例は「はなぢ(鼻血)」「そこぢから(底力)」「いれぢえ(入れ知恵)」「ゆのみぢゃわん(湯飲み茶碗)」といった類《たぐい》、ここはあっさり流して次に「づ」を見てみよう。

**魚** 同音の連呼として「づ」の生じるのは「つづみ(鼓)」「つづく」「つづる」のような場合。

**猫** 同じく二語の連合の例としては「みかづき(三日月)」「たけづつ(竹筒)」「たづな(手綱)」なんかがあがります。この場合、「血」「力」「知恵」「茶碗」「月」「筒」「綱」……と、それぞれもとの語意識が残っている、ということですね。

**鷹** と説明されちゃうといかにも説得力ありそうだけれど、もとの語意識が残っているかどうかというのも、多分に個人の主観的な感覚っていうか、情緒的な気分によるところが大きいよね。たとえば「いなずま(稲妻)」「ときわず(常磐津)」を始め、「うなずく」「つまずく」「ひざまずく」……とかは「ず」で表記される

**鵜**　のが本則とされている。

**魚**　きわめつきは「くんずほぐれつ」です。これも現代語の意識では二語に分解しにくい、もとの語意識が残っていないという判断で「ず」が本則となっていますが、抵抗を覚える人も多いわけで。

**猫**　まず『大辞林』で意味を確認しておくと、《組み合ったり離れたりして激しく動くさま》とあります。

**鷹**　漢字まじりだと「組んず解れつ」、《「くみつほぐれつ」の転》、とありますね。ということは「とつおいつ（「取りつ置きつ」の転）」なんかと成り立ちが同じ……。

**鵜**　そういうこと。それを知っている人にとっては単に［zu］音は「ず」と表記する、という原理を通り越えた抵抗感がある。

**鷹**　さらに言うなら「詠み人知らず」「親知らず」なんていうときの打ち消しの助動詞「ず」と混同されかねない。「組み合わず離れている」なら、そもそもことばとして意味をなさないじゃないか、となる。

そこでこの語に関しては、現代仮名遣いでいくというものであってもわれわれは原稿どおりで処理しています。「ず」と書いてきた場合には「ず」のまま、「づ」

で書いてきた場合には「づ」……。要するに日本語の表記っていうのは、これが絶対正しいというのはまずないんだね。いつの時代でも揺らいでいる。学校教育の場で教えているものも、あくまで「標準的な」表記であって、いつでも変わりうるものだということだよ。

**鵜**　その認識が重要ですね。その「揺らぎ」こそ、別の側面から言えばことばの柔軟性であり、勁《つよ》さであると言えるのかもしれません。

# 第3章

# 写真は
# 修正できません

●「手形の決裁について、社長の決済を仰いだ」

母音が五つしかない日本語の場合、音の組み合わせには限りがあるからでしょうか、いきおい同音の語が多くなるように思われます。それが互いにかけはなれた意味を持つ、いわゆる同音異義語であるならさほど混乱も生じないでしょうが、同音で意味も似ているとなると、これがなかなかやっかいです。

『大辞林』には、

【決裁】権限をもった者が部下などの提案の事柄の可否を決めること。
【決済】代金、または現物や証券の受け渡しによって売買取引を済ませること。

とあります。つまり、「手形の決裁」は「手形の決済」、「社長の決済」は「社長の決裁」とあるべきところ。日頃「決済」や「決裁」をしている人には釈迦に説法でしょうが、あまり縁のない人は要注意。（猫）

●「スターリンは次々と反体制分子を粛正した」

独裁政治ではよくあることだ、なんて考えたあなた、そんなことはありません。「粛正」は厳しく取り締まって不正を取り除くこと。ふつう「綱紀を粛正する」のように、規律を正す意で使われます。権力者が反対派などを追放や処刑により排除するのがあなたのおっしゃる「よくあること」なら「粛清」とすべきでしょう。（魚）

●「拘留《こうりゅう》中の元代議士秘書の裁判は、まだ始まったばかり」

「拘留」と「勾留《こうりゅう》」、ともに「捕まえて、とどめおく」意を持ちますが、法律用語として用いられる場合には、はっきりとした区別があります。たとえば、軽犯罪法第一条には、《公衆の目に触れるような場所で公衆にけん悪の情を催させるような仕方でしり、ももその他身体の一部をみだりに露出した者》を《拘留又は科料に処する》とあります。つまり、「拘留」は、懲役・禁錮と並ぶ刑罰の一種というわけです。

ところで、この例文には「裁判は、まだ始まったばかり」とあります。判決が確定するまでは刑罰の受けようもありませんから「拘留」ではありえません。被疑者・被告人として拘禁されている場合は「勾留」を用います。（鷹）

●「大火によって街の半ばを消失した」

サ変動詞「する」は和語、漢語、外来語を問わず上にいただき複合動詞を作るスグレモノ。結びついた語によって自動詞的に用いられたり他動詞的に用いられたりします。例文中のショウシツで頭に浮かぶ語といえば「消失」と「焼失」。「消失する」は消えてなくなるという自動詞的用法が普通であるのに対して、「焼失する」は自動詞的用法（焼けてなくなる）、他動詞的用法（焼いてなくする）の両様ありそうです。とすると、「街の半ばをショウシツした」という表現には「焼失」のほうがピッタリくるでしょう。

しかし、これが「街の半ばがショウシツした」のように自動詞的に用いられる文章だった場合はどうでしょうか。これだと、「消失」でも文法的にはケチをつけにくい。火事のことですから、よほど特別な場合を除いて「焼失」のほうが適切でしょうけれど……。

（鷹）

●「なんといっても、心の広い、抱擁力のある男性が理想です」

アイドルタレントのインタビュー記事から。なるほど、いまどきの若い女性はホウヨウリョクを求めているのか、よしよし……しかしおじさまとしては混乱しそう。いくらなんでも力強く抱きしめてほしいと言っているわけ……ないよね。「抱擁」は抱きかかえる意。ホウヨウリョクのホウヨウは、包みこむような寛大さで受け入れる意の「包容」ですから、「包容力」と書きます。「抱擁力」としてしまうと、文脈によってはセクハラにもなりかねません。自戒をこめて。（鵜）

●「現代社会の持つ特性のひとつとしてマス・メディアの偏在性を挙げられよう。マス・メディアに接触することなく社会生活を送ることは困難だとさえ言える」

「偏在」は「かたよって存在すること」ですから、メディアの一極集中の問題かと思って読み進めると、どうもおかしい。かたよっているなら接触しないですむ可能性も高くなるはずですから……文脈からするとどうやら「遍在（広く存在すること。「遍」は「あまねく」）」の間違いらしい。これはパソコンの変換ミスでしょうか。この著者、手書きだったらはたして書き間違えなかった、かどうかまではわかりませんけれど……。（猫）

●「ノーベル賞の受賞式はストックホルムでおこなわれる」

「受」と「授」は文字の形状も似ていれば音もともに「ジュ」、そのくせ意味は逆ときているからやっかいです。

「受賞」は賞を受けること、「授賞」は賞をさずけること。「今年度のジュショウは○○氏に決定」というような場合、立場によってどちらもありえますが、「ジュショウ式」となるとそうはいきません。「さずける」側のことばとして定着しているのでしょうか、「授賞式」が一般的です。

「受精」は精を受けること、「授精」は精をさずけること。こちらの例のほうが立場の相違を納得しやすいかもしれません。「ジュセイ卵」は——やはり「受精卵」でしょうね。

蛇足ながら、ノーベル各賞のうち平和賞だけはオスロで授賞式が催されるとのこと。またジュショウはジュショウでも勲章とか褒章の場合は「受章」「授章」であることにも気をつけて。　（鷹）

●「旧訳聖書の予言どおりに、イエスは十字架にかけられ……」

「キュウヤク聖書」は、古い翻訳による聖書という意味ではありません。イエス以前の、神との古い契約の書ということで、「旧訳聖書」ではなく「旧約聖書」。これに対して、イエスをとおしての新たな契約の書だから「新約聖書」です。また、これら聖書に多出する「ヨゲン」なることばは、単に未来を予測して語る「予言」ではなく、霊感を受けた者が神の意思を告げ述べるという意を込めて、キリスト教では「預言」と書かれます。

●「例え私ひとりだけになっても、この活動は続けていく」（魚）

「たとえ負けても」「たとえ天気が悪くとも」「たとえ犯罪であるにせよ」……仮定し仮想することで物事の本質なり真実なりがよく見えてくることがあります。このように、「ても」「とも」「せよ」と呼応し、もし、仮に、よしんばの意を表す副詞の「たとえ」（「たとい」とも）を漢字で書くとすると「仮令」「縦令」「縦」「仮使」「縦使」……。読みにくいどころか、まず正しく読まれることはないでしょう。そういう事情もあってか「例え」と書き誤られるケースを多く目にします。将来的にこの表記が世の中を席巻することになるのかどうかまではわかりませんが、少なくとも現在、強く違和感を覚えるものですし、定着もしていません。一般的な刊行物の場合、われわれは訂正の対象としています。

それでは「例」はどういう使われ方をするのか。

まず「たとえを引いて説明する」「世間のたとえに漏れず」など名詞として。さらに「彼女の美しさを花にたとえればバラである」など動詞として。実はこの後者については今をさかのぼることン十年、入社したての私が教えを乞うたキャリア豊かな先輩諸氏の中に、ここで「例」を用いるのは「馴染まない」と拒絶反応を示す方もいらっしゃいました。「譬」または「喩」こそふさわしいというのです。とすれば、そう遠くない以前まで「譬・喩」と「例」は厳密な使い分けの意識が残っていたのかもしれませんが、次第に混ざり合い、いずれを用いても同等と意識されるようになってきたように思われます。

ならば、呼応の副詞「たとえ」の表記にも「例」はいずれ食いこんでくるのではあるまいか……。

しかし、やっぱり抵抗を覚えます。名詞・動詞として同列に用いられる「例・譬・喩」と別語であることは、その語形によっても明らかです。なんとこの語は「たとい」(歴史的仮名遣いは「たとひ」)と「たとえ」(「たとへ」)の二つの語形があって揺れているのです。文献的に「たとひ」はすでに上代から使用例があるのに対し、「たとへ」は近世以降急速にひろまったということです。最近の出現頻度を印象で語れば「たとえ」の優位はゆるぎないものの、歴史的に古い「たとい」を排除するものではありません。「たとえ」を取るにせよ「たとい」とするにせよ、平仮名書きをオススメするのは確かですが。(鷹)

●「剛腕を以て任ずる彼の強行なやり口に翻弄される」

文例の「強行」で目を止めたあなた、だいぶ感度がアップしてきたようですね。『大辞林』を見てみると、

【強行】(名)スル　無理・障害の多いことを思い切って行うこと。「悪天候の中で大会を—する」「—採決」

【強硬】(形動)意志が強くて容易に妥協や屈服をしないさま。⇕軟弱。「—な意見」「—に反対する」

とあります。もっとも、語釈を読み比べただけでは、例文中のキョウコウにどちらがしっくりくるのか判断するのはなかなか難しい。そんなとき注目したいのが品詞と用例。「強行」は名詞で「スル」と結びついて「大会を強行する」のような使われ方をするのに対し、「強硬」は形容動詞で「強硬な意見」「強硬に反対する」のように用いられる、ということがわかります。つまり、「キョウコウなやり口」という表現においては「強行」ではなく「強硬」が適当なんじゃないかな……となるわけです。

意味やニュアンスを区別するのが難しくても、用いられ方によって、まったく別の語であることがわかる例と言えるでしょう。（魚）

●「あの写真の笑顔、どう見たって修正だよ」

あまりの笑顔のひどさ醜さに「修正」したい、正しく直したい、その心境もっともではありますが、「ととのえる」にとどめておいてください、せめて。「修整」と。（猫）

●「一九××年東京生まれ。一九××年××大学大学院博士過程終了。工学博士」

本の奥付とかカバーとかで見かける著者略歴。「博士過程」の「過程」が「課程」であることはすぐに気がつきます。もうひとつ、意外に見過ごしてしまいがちなのが「終了」。これは、一定の学業、課程を修めあげる意の「修了」でなければなりません。自主的に「終了」した場合は普通「中退」と言います。（猫）

●「社内運動会で、ろくに準備運動もせずに百メートル競争に出場して、足首を捻挫した」

一発の号音、いっせいにゴール目指し……なるほど互いに競い争い、と考えれば「競争」とするのも自然。誤りか、と問われれば誤りとは言いがたい気もします。ただ、要するに速さを競って走るカケッコ、〝争い〟より〝走り〟に力点が置かれ、ということなんでしょう、「競走」と表記されます。

逆に「生存競走」「受験競走」は――レースになぞらえた意図的な表記ということもありうるでしょうが、ちょっと無理でしょうね、普通は。（魚）

●「混乱した状況にあっては、とりわけ適格な判断が要求される」

いくら要求されたからと言ってもね、などと茶々を入れるのはこの際ひかえ、テキカク（テッカク）について考えてみましょう。

まずは『大辞林』で「適格」をひくと《必要な資格を満たしていること》とあって、対義語は「欠格」。ということは……「適格な判断」すなわち資格を満たした判断、なんだかピンと来ませんね。そんなときには視線をそろり左右にずらしてみましょう。……すると「適格」の隣に同音のテキカク（テッカク）「的確・適確」の項があって、《肝要な点を確実にとらえているさま。確かなさま。「―な判断」「―な指示」「要点を―に示す」》。ぴったりですね。

ところで、この語の場合「的確・適確」と二様の表記が並列されてどちらでも可ということですが、暇な折にでも、このように複数の用字の並列されている語について、他の辞書での扱いを調べてみるのも一興です。

今見てきたように『大辞林』ではなるほど二者並列されていますが、どうも「適確」に対する風当たりの強いことがわかってきます。

『新明解国語辞典』は最新の第七版で「的確・適確」と並列するようになりました

が、第六版までは《「適確」と書く向きも有る》と「適確」に対する抵抗感を漂わせていました。『広辞苑』は最新の第七版でも見出しは「的確」のみで、《「適確」とも書く》と依然として一段低い扱いですし、『新潮現代国語辞典』は用例のなかで「適確」を採り上げているだけです。『明鏡国語辞典』初版にいたっては《適正確実の意で「適確」と書くこともあるが、これを「的確」の意で使うことは誤りであろう》との見解を示していましたが、第二版になって「的確」とは別に「適確」を立項し、この二語は違うのだとの考えを明確にしています。『明鏡国語辞典』における「的確」の語義は《的をはずさないで、たしかであること。まちがいないこと》とあり、第二版で新登場の「適確」の語義は《適正で確実なこと》となっています。

正誤のラインを設定するのがわれわれの役割ではありませんから、「適確」と原稿にあって「的確な」用法と判断されれば、もちろんそのままOKです。日本語の表記に日々接していると、そもそもそこに厳密な意味での正誤は存在しないのではあるまいか、とさえ思えてきます。ただ、だからどうでもいいというわけじゃもちろんありません。表意文字と付き合う、その豊かさの認識とそれなりの覚悟は忘れないでいてほしいものです。

（鷹）

●「大統領選挙は、いずれの候補者も過半数の票を得られなかったため、上位二人の決戦投票に持ち込まれた」

「ケッセン投票」のケッセンは「決戦」ではなく「決定選挙」の略の「決選」です。もっとも小型の辞書を引いたところであまり収録されていないかもしれません。要するに日常生活ではあまりお目にかからぬことばです。一方「決戦」はポピュラーで、最後の勝利を決めるための戦いを意味しますから、「決戦投票」としてしまうのも無理からぬところではありましょう。（鵜）

●「春の人事移動でやっと係長に」

勤め人たる者、いかなるセクションでいかなる働きを期待されるのか関心を払うのは人情というもの。それにしても民族の大移動や移動性の高気圧ではあるまいし、「人事移動」はいただけない。「移動」は位置・場所の変化。それに対して位置ならぬ地位や職務の変化は「異動」を用います。　（猫）

●「大国の自己本意な姿勢が、国際情勢に微妙な影を落としている」

文例で気になる同音異義語は……「大国」と「タイ国」ではありません。「姿勢」と「施政」……でもありません。何を隠そう(何も隠していませんが)、「本意」と「本位」です。「本意」は、本当の気持ちの意で、類語に「真意」があり、「それは彼女の本意ではなかった」のように使われます。一方、「本位」は、行動・判断などの基準になるものの意で、「自分本位の考え方」や「興味本位の取り上げ方」などのように使われます。まったく別語なんですが、新聞・雑誌など意外と多いんです、この両者の混乱。チェックしながら目を通すのもおもしろいかもしれません。　（鵜）

## ●「私財を投げ売って復興基金を設立した氏の不滅の業績」

ことばとは一筋縄でいかぬもの。そんな感慨がよぎり、柄にもなく身の引き締まる想いにとらわれるのは、このような事例に遭遇したときと申せましょうか。

御一読いただいたものが絶対に誤りを含むか、と問われれば決してそうとは言えない。局面によっては文字通り「私財を投げ売る」こともあるでしょう。……しかし「復興基金」「不滅の業績」とつづくとなると、やはり不自然というか違和感というか……。

ここはナゲウルではなくナゲウツ、漢字表記なら「投げ売る」ではなく「擲つ・抛つ」のほうがぴったりとします。いくら損を覚悟で「投げ売る」とはいえ、そこには商売上あるいは利害得失の絡む駆け引きなり計算なりが働いているのに対し、「擲つ・抛つ」となると惜しげもなく無償で差し出すニュアンスなのです。連用形にナゲウッテと同音の形があるために混同されがちですが、鯛と鯛焼き、ビーナスとオカメくらいの違いがあると言ってもいい。

それから、辞書をひいても「投げ売る」で立項しているものは見つからないかもしれません。なんでもこの語、本来動詞ではなく「投げ売り」という名詞から派生したものなのだそう。動詞の連用形が名詞化する例は多く見られますが、逆に名詞が動詞の活用形のひとつと見なされ動詞が生成される現象というわけで、「逆成語」と呼ばれるとのこと。「投げ売る」と動詞として用いること自体に抵抗を覚える方々がいらっしゃるのも確かです。（鵜）

●「そのプロジェクトには文字通り社の不沈がかかっていた」

絶対に沈まぬ「不沈」であるなら、そもそも会社は安泰で、緊迫感に包まれる必要もないはずです。栄枯盛衰浮き沈みがかかっているのですから「浮沈」ですね。（魚）

●「駿河湾特産、桜えびの天火干しをおみやげに」

駿河湾でとれたばかりの桜えびを、オーブンに入れて弱火で干して……なんてわけはない。でも、「天火《てんぴ》」は「オーブン」の意ですから、これでは「オーブンに入れて……」と解釈されてもしかたがありません。言うまでもなく、ここは、太陽の光や熱の「天日」としなければなりません。

ところで、オーブンで使う平らな鍋を「天パン」と言いますが、これを「天板」と書いてあるケースをまま見かけます。メーカーなどが他社と差別化を図ってなどという事情もあるのでしょうが……抵抗を覚えるところです。「天パン」の「パン」は「フライパン」の「パン」と同じ「平鍋」の意の英語「pan」で、「板」ではありません。「天板」は「てんいた」で、机などの上平面部の板を言います。　（猫）

●「各界の権威が一同に会して……」

「各界」は「角界」、「権威」は「健胃」で、本場所終了後、各相撲部屋から選抜された健啖家力士がちゃんこの食べ比べを……苦しいですね、われながら。気づいてほしい箇所は例文の後半部分にあります。「一同」はそこにいる人々であるのに対して「会する」は集まることですから「一同に会する」とつなげてもわかったようなわからぬような。「イチドウ」は「一堂（堂＝建物）」と書いてはじめて、多くの人が同じ場所に集まる意になります。（魚）

●「手足を縛ってぶら下げ、水攻めと殴打が続けられた」

博物館で拷問器具類の展示を見たことがあります。いかなる大義が存するのか知る由もありませんが、要は個人の意思に反して自白を強いるために肉体的苦痛を与える仕組み。古今東西、人に苦痛を与えるための想像力の豊かさと申しましょうか、なんとも不思議な気分にとらわれたのを思い出します。

例文中にあるのは、水を用いて掛けたり漬けたり無理矢理飲ませたり、ポピュラーにして残酷な拷問の一種ですが、それを言うなら「水責め」としたいところ。相手をとがめる、非難する、苦しめ悩ます意の「責め」に対して、「攻め」は戦いをしかける、進んで敵を討つ意で、「守り」の対義語。したがって「城を水攻めにする」などと用いられ、この場合たとえば周囲の河川などを堰《せ》き止め、みずうみ状になった中に城を孤立させてしまうとか、逆に水源などを断って城内を水不足状況に追い込むとか、いずれにせよ水を武器に攻撃している光景を思い浮かべていただければ結構。「水」が「火」になっても同じこと、同様の使い分けがなされます。わたしはもちろんいずれもお断りですが。（鵜）

●「バラバラ殺人の壮絶な手口を告白！」

「壮絶な手口」とはそもそもいかなるものでしょう。まずは辞書を引いてみましょう。

『岩波国語辞典』には、

【壮絶】（名）他に似たものがないほど勇ましく激しいこと。「―な攻撃」

とあります。他の辞書類でも「壮絶」に、勇ましさは欠かせぬ要素であるらしい。

さて、バラバラ殺人を勇ましいと言っていいものかどうか……。

ここで思い浮かぶのが、音も意味も少し似通う部分がある「凄絶《せいぜつ》」。同じく『岩波国語辞典』には次のようにあります。


【凄絶】(名) 息をのむほど、すさまじい様子。「―、目をおおわせるものがある」


なるほど。

「―な攻撃」「―な戦い」「―な人生」のようなケースでは、どちらもありそうですが、例文のケースでは「凄絶」が妥当でしょう。(魚)

●「過去を精算して出直します」
いつまでも暗い過去を引きずらずやり直す、その意気は大いに買いたい。しかし、それにしてもいったい何を精算しようというんですかね。精算というのは「概算」に対することばで、くわしく勘定すること。運賃を精算したり、費用を精算したりという場合に用います。精算しなけりゃならない計算間違いは数多くあったのかもしれないけれど、この例文のままでは凄惨な人生を生産的にやり直せる成算はありそうもない。

それを言うなら「清算」。清める意が基本にあるから、債権債務、賃貸借関係の始末をつけることを言い、さらに比喩的にこれまで関係していたことを整理し、きまりをつけるときに使うわけです。　（鵜）

●「長い夜が明け、夕べの雨が渓谷の光景をすっかり変えてしまっていることに気づかされた」

「交響曲の夕べ」「朝《あした》には紅顔ありて夕べには白骨となれる」「♪夕べ浜辺をもとおれば昔の人ぞ偲ばるる……」等の「夕べ（夕）」は「夕刻」の意の雅語的表現で、旧仮名遣いでは「ゆふべ」と書きます。

一方、「昨夜」「昨夕」「昨晩」を「ゆうべ」と読ませれば「きのうの夜」の意で、「夕べ」と同語源であるとする説（これによれば旧仮名は「ゆふべ」）と、「ヨべ」の転とする説（これに従えば、旧仮名は「ゆうべ」）とがあります。

いずれの説によるにせよ、「きのうの夜」を指すときに「夕べ」と書くのは、一般的な表記とは言えません。ひらがなにするか、「昨夜」「昨夕」「昨晩」にルビをふるかのどちらかがよいでしょう。

「あした」についても同様です。「あさ」を表す「あした」は、漢字で書けば「朝」、「みょうにち」を表す「あした」は、言うまでもなく「明日」です。

（猫）

●「内外に懸案事項の山積する現在、次期首相の最有力候補とされるA氏だが、『役不足』というのが財界筋の見方」

日本語の表記・表現を主題に間違いやすい実例を掲げる本なら、およそどれでも採り上げる例ではないかと思います。どの本でもという以上、この際避けようとも考えたのですが、それにしても多く目にする。やはり採り上げておかなくてはと、収録した次第。

結論から言えば、ここでは「役不足」と「力不足」ということばが混同されていることになります。

「役不足」について、『岩波国語辞典』には、《役目が実力不相応に軽いこと。与えられた役目に満足しないこと》とあります。同辞書には続いて《力不足の意に使うのは誤用》との注記があるのですが、『三省堂国語辞典』は第五版以降《あやまって》とは断りつつも《力不足であること。手にあまること》という、第四版まではなかった語釈を加えています。ことばはイキモノですから意味・用法も変化していきますが、わざわざ《あやまって》の語釈に従うこともないでしょう。先に挙げた例文に戻って考えれば、A氏は首相なんかにしておくにはもったいない人材、あれほどの人物でなくとも首相程度なら務まる、といったニュアンスになりかねません。もっと一般的な場面では、何か役職を依頼されて、「私では役不足ですから」と辞退する人がよくいます。本人は「力不足」の謙遜のつもりでも、聞く側には傲慢と受け取られかねないのでご用心を。（魚）

●「あいつの存在自体がいいかげんの極地」
「極地的な大雨という現象も、もはや看過できない」


かつて苦楽を共にし、最強のコンビと謳われながら訣別することとなった共同経営者に向けて、はしなくも口をついて出たことばを写したインタビュー記事と、地球の温暖化による世界的な異常気象に警鐘を鳴らす専門家の著述より。

両者に共通するのは「極地」、当然ここで問題ですが、さてどちらの使い方が正しいでしょうか。……残念ながら、どちらの用例も赤字の対象でしょうね、よほど前後の文脈で特別な意味を生じているということでもない限り。

キョクチとあると、一般的な文章中にあらわれる頻度の高い熟語として次の三つ、「極地」「局地」「極致」が思い浮かびます。

「極地」はなにせ「極」ですから、きわまった、どんづまりの、さいはての地、要するに北極・南極およびそれに類する地域を考えればいい。それに対して「局地」は限定・局限された地、一定の限られた場所。「極致」とあれば、きわまりいたる具体的な場所というより抽象的な地点、地平。究極の、最上最高の到達点といったニュアンスでしょうか。

さあもう一度例文に戻ってみてください。

いい加減さであれ、愚劣さであれ、ここにきわまる、これ以上ないという意味の前者では「極致」、後者は限定された地域が集中豪雨に見舞われるわけですから「局地」。（猫）

## ●「再犯率の高さが更正の難しさを物語っている」

この文章中には誤字があるよ、とあらかじめ言われて目を通しても、なかなか正解にたどりつけないのではないでしょうか。

コウセイの「更」の字は、あらためる、いれかえる意ですから「更正」で、誤りをあらため正すとなります。しかし、罪を犯すことと「あらため正す」ことでは、どこかジャストフィットしない。罪人は法律を破ってはいるかもしれないけれど、イコール不正をはたらいた人、悪人という等式には無理がある。

文例中のコウセイはしたがって「更生」。生きかえる、よみがえる、生きあらためる、生きなおす……そんなニュアンスがこめられているんですね。

ちなみに《登記事項・税額・判決などの誤りを改めて正しくすること》（『明鏡国語辞典』）とあるように、「更正」のほうは使用範囲の比較的狭い、堅苦しいにおいのする熟語と言えるかもしれません。（鷹）

## 座談会　日本語の柔軟性・たくましさ

魚　この仕事に就く前はたいして気にもとめずにいたことで、無性に気になるようになったことってありますよね。

鵜　プロ意識の芽生えってやつですか（笑）。……それで、何がそう無性に気になるの？

魚　たとえば引っ越しや宅配便なんかで使われる段ボールですが、あれは波形に折り曲げたボール紙と平らなボール紙が段になっているから「段ボール」なわけでしょ。それが最近「ダンボール」と全面的にカタカナで表記されている例が目につきます。こういう事例って気になりませんか、という問題提起のつもりなんですけど。

鵜　なるほど。「ダンボール」が気になる気にならないは別として、ここにはいくつか日本語表記の特質にかかわる問題が含まれているような気がしますね。

魚　そんな大袈裟な問題でしょうか。

鵜　まずここで最初に言えるのは、日本語の柔軟性というか、造語感覚の天衣無縫なまでの豊かさというか、いい加減さというか……もともとが和語であろうが漢語であろうが外来語であろうが、適当に切り刻んだり繋げたりしてことばを編み出し、作り出す。作り出すというより、作り出せちゃう言語なんですね。……「魚」君の話を聞きながら、真っ先に思いついたのが「カラオケ」と「ナツメロ」でした。

**魚**　そうか、確かに同じ構造ですね。歌のない空《から》の伴奏だけのオーケストラですから、本来なら「空オケ」または「からオケ」……。

**鷹**　しかし、今やすっかり「カラオケ」が主流だし、だいいち、全世界レベルで通用する語となっている。

**猫**　懐かしのメロディ、これは「懐メロ」「ナツメロ」、どちらも見かけますね。

**鷹**　断然トップも「断トツ」より「ダントツ」、土壇場でキャンセルなら、こりゃもう「ドタキャン」だね。

**魚**　要するに語源意識が強く尾をひいて残っているかどうか、日本語表記の文章中にすんなりおさまってしまっていると感じられるかどうか、によって変わってくるってことですね。

**鵜**　そういうこと。造語にあたっての柔軟性がまずあって、今度はそのことばがいか

**魚**　に受容されるか、一時的な流行語で終わり死語になってゆくケースも多いんだろうけど、受け入れられ定着するにしたがって表記自体も変わっていく。ある種落ち着きを獲得する、と言えば格好よすぎるかもしれないけれど、その場合もとの語の構成は次第次第に忘れ去られるという傾向があるんじゃないかな。

**鷹**　それで「ダンボール」が多くなる、と。

もっと一般論として言うと、外国語と外来語の関係にそれが言えそうだね。外国のことばを耳に聞こえたとおり日本語で表記しようと努力する、まずここから始まる、たとえばテレヴィジョン、レイディオなんて具合にね。それがテレビ、ラジオとなるとこれはもう立派な外来語。

**猫**　外国語に対して外来語は日本語、いわば帰化したことばと考えていいんですね。

**鵜**　帰化した時期とか、使われ方とか、さまざまな事情に応じて、表記にもさまざまな影響が生じてくる、とまあそんなところでしょう。古い時代に日本語に入ってきたものと言っても、それこそ中国語起源のことばとか仏教に関連して中国経由で入ってきた梵語起源のことばは基本的に漢字で表記されたわけですし、別のテーマになってしまうんで、ここは欧米系のことばに限定してまとめておくとして。

**鷹**　ざっと整理してみると、江戸時代より前の南蛮貿易の頃入ってきた、たとえば「タバコ」「カルタ」「カッパ」、いずれもポルトガル語起源だそうですが、外来語だという意識さえ特にないという人が多いんじゃないかな、それほどわれわれの生活に溶けこんでいる。

**魚**　その証拠に、それぞれ漢字で書いて違和感を覚えませんものね。「煙草」「歌留多」、それからカッパは河童のほうではなく「合羽」のほう。「河童」は「かわ＋「わっぱ」ですから、外来語じゃありませんね。

**猫**　なんかかえって混乱しそう。江戸時代はオランダ語中心、明治以降は今日にいたるまで、英語、フランス語、ドイツ語、ロシア語、イタリア語など各方面各分野に、それこそ怒濤のように流れ込んでいるわけですね。

**鷹**　さっき「魚」君は古くからの外来語で漢字表記される例を示していたけれど、比較的新しいものでもなかなか味わい深い漢字で表される場合がある。「倶楽部」とか「珈琲」とか。「画廊」もギャラリーの音訳だと聞いたことがある。洒落てるよね。なんか大正ロマンのかおりがする。あと、これは外来語の歴史から見て新しい現象なのかどうかは別として、外来語を語幹にして動詞的に用いられるケースにもふれておきたいね。英語の trouble から「トラブる」、double から「ダ

**猫**　「ネグる」ってな手合い。

**鷹**　harmony から「ハモる」、memorandum から「メモる」、neglect からの「ネグる」っていうのも、会話文中で目にしますね。

なんといってもこの手の代表はフランス語 sabotage に発する「サボる」でしょう。これなんか平気で「さぼる」と平仮名書きされている。個人的には抵抗覚えるけど、今やすっかり日本語として根をおろしてるって感じだな。

**魚**　つくづく日本語ってたくましいなあと思いますね。

**鵜**　使っている当事者のわれわれは、決してたくましいわけではないのにね。

第4章

# ウワキショウは病気か？

●「そんなどうでもいいことで見得を張るなんてくだらない」

「見える」の連用形が名詞化した「見え」は、外見（を良くする）の意。一般的な用法の「見えを張る・繕う」「見えも外聞も」と、芝居で役者が目立つしぐさをすることからきた「見えを切る」、どちらも「見え」ですが、前者は「見栄」、後者は「見得」と漢字をあてて書き分ける表記習慣が強いようです。したがって、例文の「見得」は「見栄」としたいところです。（魚）

●「沈静剤は、過度の服用に御注意ください」

右を向いてもストレス、左を向いてもストレスという時代を生き抜く知恵は、興奮・緊張した神経をいかにしずめ落ち着かせることができるか、にかかっているのかもしれません。チンセイこそ現代のキイワードとも言えそうですが、いざ漢字で表記しようとすると「沈静」「鎮静」と二種類あって、しかも「沈」「鎮」「静」のいずれも「しずむ、しずめる」。いかに使い分けるか、はたまたまったく同列に用いてよいのか、それこそストレスを覚えるところです。

結論から先に言えば、おおむね「沈静」は自動詞的に、「鎮静」は他動詞的に用いられます。おおむねと断ったのは例外的なケースもあるでしょうし、言い切る自信は持てないからですが、まずそう整理しておいて問題ないと思います。

たとえば「景気が沈静する」「ブームが沈静する」といった具合に、おのずと、みずから、自然にそれ自体で、というニュアンスを持つ「沈静」に対して、「鎮静」は「パニック状況を鎮静する」「インフレを鎮静する」と、何者かが働きかけ、作用を及ぼすことによってしずめるといった意味合いです。

したがって、高ぶった神経、張りつめた神経に働きかけ、落ち着きをもたらすチンセイ剤は「鎮静剤」と表記するのが妥当だということになります。（猫）

●「家族間の軋轢《あつれき》にさんざん苦渋をなめてきた」

この例文をさらりと目にして違和感を覚えたという方は、日本語の表記にかなり鋭敏な感性をお持ちと言えるのではないでしょうか。ためしに辞書を代表して『大辞林』の記述を掲げてみます。

【苦汁】にがみのある汁。にがい汁。転じて、苦い経験。
―を嘗める　にがい経験をする。苦しい目にあう。
【苦渋】(名)スル　苦しみなやむこと。物事が思いどおりに行かず、苦しくつらい思いをすること。「―の色を浮かべる」「―に満ちた顔」「難問をかかえて―している」[同音語の「苦汁」は苦い経験のことであるが、それに対して「苦渋」は物事が思いどおりに行かず苦しみ悩むことをいう]

この辞書はとても丁寧に「苦汁」と「苦渋」について解説しています。それでも実際に用いる場面で、どう使い分けるかとなると、案外難しいことがご理解いただけると思います。

ここで読み取れるのは、まず①「する」をつけて動詞として用いられるのは「苦渋」。②意味の差異で言えば「苦汁」のほうが苦い液体を指し示す具体性の強いニュアンスなのに対し、「苦渋」のほうがより抽象的な精神状況にまでひろがりを持ち、表現の幅も広い。③成句としての「クジュウを嘗める」は、少なくとも「苦汁」が慣用として定着している……といったあたりでしょうか。

慣用として定着と言うと、なにか消極的な支持と思われるかもしれませんが、「嘗める」という行為が非常に具体的な動作である以上、きわめて具体的な物質を想起させる「苦汁」と結びつくのは自然だと感じます。

それではよく目にする表現で応用編。「クジュウを味わう」は？

いろいろ辞書を引っ繰り返してみたところ、用例として採りあげているのはほんのわずか。毎朝健康のために青菜をすりつぶしてグラスを傾けるなら「苦汁」でしょうが、挫折から這い上がろうと過ごした日々に味わったのは、やっぱり「苦渋」でしょう。

（猫）

●「トラックは対抗車線に飛び出し、観光バスと正面衝突した」

「対」ではじまる「タイコウ」は、「対抗」「対向」「対校」といずれも使用頻度の高い熟語が揃っています。例文中のタイコウは「対抗」ではなく「対向」ですね。「タイコウ車線」や「タイコウ車」のときは「対向（向かい合う意）」。「タイコウ馬」や「クラスタイコウ」「タイコウ試合」のときは「対抗（張り合う意）」。でも、学校同士が張り合う場合の「タイコウ試合」は「対校」。ただし「対校」には、複数の写本やテキストを比較する意もあります。この場合の「校」は「ひきくらべる」意、「校正」の「校」と同義です。　（魚）

●「一人は直情径行のマイペース型、一人は温厚篤実な気配り型。持ち味は対称的でも、不思議に波調は合うらしい」

まずは「タイショウ」と聞いて浮かぶ熟語を書けるだけ書いてみてください。五つ六つはすぐに出てくるのではありませんか。ちなみに『広辞苑』は大正に始まり大将、大祥、大笑……と十九項目。『大辞林』には十五項目掲げられています。中にはかなり特殊なものもありますからその分差し引くにしても、少なくとも十前後の「タイショウ」を耳にしてわれわれは自然に使い分けしているわけで、「言語能力」というもの、なんとも不思議なものに思えてきます。そんな数あるタイショウのうちでも、もっとも混乱しやすいのが「対称」「対象」「対照」の三語ではないでしょうか。『明鏡国語辞典』から引いてみることにしましょう。

【対称】〔名〕①互いに対応してつりあっていること。シンメトリー。「左右―」「線―」②数学で、二つの点・線・面が完全に向き合う位置にあること。点対称・線対称・面対称など。シンメトリー。③二人称。「―の人代名詞」

【対象】〔名〕①働きかける目標となるもの。めあて。「若者を―とした雑誌」「課税―となる資産」②哲学で、意志・感覚・認識などの主観的作用が向けられるすべてのもの。

【対照】〔名〕①〔他サ変〕二つのものを照らし合わせて比べること。「原文と（を）訳文を（と）―する」「比較―」「―表」②相違が際立っている二つのものが並ぶこと。コントラスト。「雪山と紺碧の空が―をなす」「―の妙」

例文中の「タイショウ的」はコントラストを提示しているわけですから「対照的」がふさわしいことになります。

……ところでもうひとつ、訂正の対象としたいのが「波調」。物理学の用語から比喩的に用いられるようになった表現ですが、「波長」とすべし、です。（魚）

●「私の彼は浮気症です。はっきり言ってケダモノです」

いかに「ケダモノ」であれ「異性（とは限らないか）に気の多いたち」を「浮気症」とは書きません。あくまで「たち」ですから「性質」の範疇の内、「症」ではなくて「性」、すなわち「浮気性」ですね。

一般的には、「飽き性」「照れ性」「心配性」「貧乏性」「脂性」などのように、性分・傾向・体質については「性」、「健忘症」「肥満症」「不感症」などのように、病気・症状については「症」と書き分けますが、まぎらわしいもの、どちらとも言いきれないケースも多くあります。

たとえば「冷えショウ」。ふつうは「冷え性」で、『医科学大事典』（講談社・一九八三年）にも《冷え性は〈冷える性分〉（冷える体質）を意味し、けっして冷え症候群という意味での〈冷え症〉というふうに使われたのではない》と注記されていますが、健康をテーマとする実用記事中などでは、「冷え症」とする例も多く、ほかにも「あがりショウ」「潔癖ショウ」など、まぎらわしいところです。これらは「性」に分類するのが妥当だと思われますが、特に病的な症状に言及する内容なら、あえて「症」を用いることもありうるでしょう。ちなみに『広辞苑』の「冷え性」の項には第七版で初めて（「冷え症」とも書く）という注記が入り、「潔癖」の子見出しでは【潔癖性・潔癖症】と並列の形で立項されるようになりました。（鷹）

●「そうか。おまえも武者修業の旅に出るのか……」

このあたりが漢字表記のむずかしいところであり味のあるところ。シュギョウには非常に意味の似通った（共通する部分のある）ふたつの熟語があります。「修行」と「修業」で、「武者シュギョウ」の場合は「修行」が適当でしょう。

どちらにも学問・技芸を習い修める意味がありますが、「修行」は「仏の教えに従って道を修める」というのが本義。精神修養的なニュアンスが漂います。それに比べ「修業」はもっと単純、実用的実際的に身につける感じ。もともとシュウギョウと読まれることも多く、「修業証書」の場合などはシュギョウとは言いません。「武者修行」「諸国修行」に対して「花嫁修業」「板場の修業」などと使い分けされるのが普通です。ただ、求道的なニュアンスを込めた「板場の修行」といった表現を一概に否定するのは難しいでしょう。『大辞林』が「修業」の項で《なお、「修行」は、「修業」とほぼ同等の意で用いられる場合もある》と書かざるを得なかったのは、そのあたりの事情を反映しているのかもしれません。

（猫）

●「ワイン通を自認している彼女の……」

この例文中にある、同音でかつ意味の似通っている熟語のペアは「自認」と「自任」です。

まずは『明鏡国語辞典』を引いてみましょう。


【自任】自分の能力や資質がその任務・地位などにふさわしいと思い込むこと。「天才を—する」「食通をもって—する」

【自認】自分自身で認めること。「失敗を—する」


よくよく説明文を嚙みしめると、「自任」は「自認」にくらべて、はるかに「主観性」の強いことが浮かび上がってきます。なにしろ「自認」が「認める」のに対して、「自任」は「思い込む」のですから。文化庁編『言葉に関する問答集』にも、「自任」は「自負」に近いとの指摘があります。「自ら任ずる」わけですから、「○○を（もって）自任する」「○○だと自任する」という形で用いられることが多く、「○○」には、立場・役職・能力・資質など、比喩を含めて「ヒト」にかかわる属性を示す名詞がくるのが一般的です。

一方、ある種「客観性」に背を押され、ある事態なり事象なりを自ら認めるのが

「自認」と考えてよいのではないでしょうか。『明鏡国語辞典』の用例に《失敗を自認する》とあるように。

ということは、「自任」はプラス評価の語に、「自認」はマイナス評価の語とともに用いられやすい傾向にある……と言えそうですが、やはりあくまで「主観性」「客観性」がこの二語を分けるキイ概念とおさえておくべきでしょう。

最後になりましたが、例文中の「ジニン」は「自任」で間違いないでしょう。（鷹）

● 「大幅議席減で崖っ淵の○○党」

水を深くたたえているところが本義の「淵《ふち》」と、物の中心部に対する末端、へり、はしを表す「縁《ふち》」。その意味するところは明らかに異なり、場面によっては対照的に用いられるはずのことばでありながら、実際の文章中ではしばしば混乱が見受けられます。

例文は、存否をかけたギリギリの状況を比喩的に、険しく切り立った崖の上にいることで表現しているものですから、「崖っ縁」。こういう表現が用いられるとき、実際にはすでに縁から淵の中に落ち込んでいるケースが多いとは言えるのかもしれませんが。

これと似た表現で「死のフチより生還する」「絶望のフチに立たされる」なんていうときの「フチ」はどうでしょう。まず「死のフチ」は、生死の境目、「へり」、すなわち「縁」――ではなくて、もう立派に「死地」を意味します。「死地」から戻ったからこそ「生還」という文字の重さが生きてくるのです。したがって「淵」ですね。「絶望のフチ」も、立っている以上、とても水の深いところ、すなわち「淵」ではありえない……との考え方もあるでしょうが、結論から言えば、こちらもやはり「淵」。

「縁」は線的であることを強調される場であるのに対して、「淵」はもっと空間的な広がりを持っています。そこから特殊な彩りを帯びた空間へと意味が広がったと考えていいでしょう。深み、境遇、状況、世界、苦境、境涯……などといったことばと置き換えが可能な語です。　（鷹）

●「私の子供の頃はコンピューターなど空想小説の中にしか存在しなかった。自在にコンピューターを操る今の子供たちを見ていると、隔世の観がある」

**鷹** このケースは、会話の形にしたほうがまとまりがつきそうなので、ひとつお相手をよろしく（笑）。例文中、「隔世の」とくれば、「観」じゃなくて「感」が自然だろう。

**鵜** 『学研国語大辞典』を引くと、

【感】ある物事に対したときに起こる、その時どきの思い・感じ。「隔世の―」「哀惜の―を深くする」「異様の―に打たれる」……

【観】〔ある人・ある物事を〕外から見た感じ。見た目に感じられるようす。「別人の―を呈する」……

とあるね。

**鷹** 「感」があくまで主観的な感懐、感慨であるのに対して、「観」は事物であれ人物であれ事象であれ、なんらかの対象に対する見方とか見え方、あるいは考え方な

**鵜**　んかを示しているということだろうね。

**鷹**　そう。まあしかし、実際の文脈の中じゃ辞典の記述のようにきれいに概念化できることはむしろ少ない。

**鵜**　どちらにも解釈できるケースも多いわけで、どうしても引っ掛かる場合を除けば筆者の語感が尊重されるべきだ、というのが出版人の基本的スタンスだね。

**鷹**　出版人のスタンスとしてはそのとおり。ただ、少なくともここの「隔世の」は、「観」では違和感を覚える、どうしても引っ掛かる場合と言っていい。

**鵜**　事程左様に「カン」は微妙だけれど、単独で用いられる場合よりも接尾語として用いられる場合は、さらに微妙かもしれない。

**鷹**　先刻の『学研国語大辞典』では、

【感】《接尾》「…の感じ」の意を表す。「悲壮―」「圧迫―」「解放―」

【観】《接尾》「…に対する考え方」「…の見方」などの意を表す。「人生―」

とまとめてある。

**鷹**　『広辞苑』では、接尾語カン関連で、見出し項目や派生項目にこんな語が立てられている……「―感」の形で危機感、使命感、正義感、責任感、無力感……それに対して「―観」は厭世観、価値観、人生観、世界観、無常観……。

**鵜**　ここでも「感＝主観的な想い」「観＝対象への視線」という大枠は成り立っていると言っていい。ただ注意しておきたいのは、今あげた『広辞苑』に立項されているのが絶対で、その表記しかないというわけじゃない。たとえば「無常カン」を例にとると……「すべてこの世は無常」と仏教なんかの説く世界観はもちろん「無常観」だけれど、「この世はなんと常ならざるものであることよ、何もかも移ろいゆく、はかないなあという感じ」は「無常感」でしょう。「無常観」に裏打ちされた感慨である場面が多いにしても「無常観」が正しくて「無常感」は誤り、だから排除する、という関係にはなりません。

**鷹**　そりゃそうだね。ここには挙げられていないけれど、たとえば「生活感」なら「日常生活における実感」だし、「生活観」なら「生活というものをどうとらえ定義づけるか、その考え方」ということになる。

**鵜**　乱暴を承知で言えば、「―観」は「外側に位置する対象をどう見るか」に発している以上、危機という概念についてどう見るか、使命という概念についてどう見るか、その見方について述べるなら「危機観」も「使命観」もありうるということになります。

**鷹**　それに対して「―感」はどうだろう。こちらのほうは、比較的熟した用法以外は、やはりどこか内側に感応するというか実際に感じ取れるような「性質・状態を表す名詞」でないと接続しにくいという印象がある。「価値感」とか「人生感」とかは、ちょっと苦しいよね。

**鵜**　あくまで今思い浮かべられる範囲内で、という限定つきでそんなところでしょうね。

●「調査の結果、その会社は実態のないトンネル会社であることが判明した」

『類語大辞典』で「実態」を調べると、

【実態】物事のありのままの状態。「経営の～を把握する」「生活の～を調査する」「予想とかけ離れた～に驚いた」

とあります。例文にあてはめると「ありのままの状態のないトンネル会社」となってしまい、なにかとってもシュール。というよりほとんど意味をなしません。同辞典でさらに「実体」を見てみましょう。

【実体】物事の、こうだと具体的に説明できるような内容や姿。「この不思議な現象の~は、いまだに不明だ」「研究会という名はついてはいるが、何もしていない。~はないんだよ」

これならぴったりすっきり、例文中の「ジッタイ」は「実体」だとわかります。ただ、迷うケースもあります。「ジッタイがとらえきれない」なんていうときがそれで、文脈によりどちらもありえます。この場合に「実体」をつかえば「正体がつかみにくい」ということでしょうし、「実態」であれば「外からは様子がうかがい知れない」というニュアンスになります。（猫）

●「王党派の残党を糾合、自ら主催することとなった伯爵にとって……」

シュサイ――「主催」と「主宰」は、はっきり別語であるにもかかわらず、実際の文章中でお目にかかるとはたしてどちらだろうと首をひねってしまうケースが多いペアの例です。

ちなみに『新潮現代国語辞典』をひもとくと、

【主催】中心となって事をもよおすこと。また、その人・団体。

【主宰】人の上に立ち、中心となって物事を執り行うこと。また、その人。

「もよおす」以上、「主催」は、集いとか会合とか、一過性のイベントや行事を対象とすることが多いのに対して、「主宰」は、リーダーシップをもって全体を取り仕切る、といったニュアンスと言えばいいのでしょうか。

ということは、例文の「主催」は「主宰」が適当ですね。

「俳句結社を主宰するバショー氏が、みちのくバスツアーを主催」ま、こんな例文にでもして頭の片隅にとどめておくことをおすすめします。（魚）

●「北極星を指差し、ひたすらに進路を北へ、船長の胴間声が響きわたった」

間違いとは何か。ガラにもなく哲学的思索に没頭しようなんていう気はさらさらないにしても、考えちゃいますね。この例文中の表記、どこに間違いがあるかと問われれば、ないと答えます。しかしだからと言ってまったく引っ掛からないというわけでもない、やはり気になる「進路」。この用字は充分に意識したうえで選ばれたわけですね、と確認する意味で「針路？」とエンピツをいれたいところです。

以後の西欧社会に大きな変革をもたらした火薬、活版印刷と羅針盤を俗にルネサンス期の三大発明と呼ぶんだそうですが、この羅針盤の針によって決まる方向こそ「針路」本来の意味なんです。したがって船とか飛行機とかでシンロとなると、どうしても「針路」がまずは頭に浮かびます。それに対して文字通り進む方向、「退路」の反対語が「進路」で、こちらのほうが概念的に広い。要するに進む方向一般が「進路」で、その意味の内に羅針盤で示された直線的な方向性で表される「針路」が含みこまれている、そんな理解が可能でしょう。

両語が比喩的に用いられるに際しても、当然同じメカニズムが働きます。「卒業後のシンロ」「国際社会における日本のシンロ」などという場合、そうそうぴしっと一直線にはいかない。さまざまな事情、取り巻く環境も無視できないでしょうし、起伏もあれば迂回する必要だってあるかもしれない、そういう状況で「針路」は使いません。一方「党としての今後のシンロを確認する」というようなとき、ここで「針路」を用いれば、具体的な政策であれ方針であれ、羅針盤の磁石の針が指すように、明白で直線的な方向性に収斂《しゅうれん》されるニュアンスが出ます。「進路」の意味が広く汎用性が高いのに対し、狭い分だけ「針路」は意味がしぼりこまれ、シャープでインパクトがある、と言えましょう。

同音異義語、同音類義語についてしばしば俎上《そじょう》に載せているわけですが、これなぞもはや同音同義語と言ってもいいのかもしれません。ただこういう組み合わせ――包括的一般的広さを持った語と鋭利な凝縮志向とでもいうべき語が同音の熟語として存在する――というのは、そう珍しいわけでもありません。たとえば、一般的にいちばんあと、終わりを意味することばは「最後」ですが、その意味に含まれて、とりわけ命の終わりを表すのが「最期」。他と比べ目立つ点は「特徴」で、目立つ中でもとりわけすぐれている部分、長所としぼりこめば「特長」という具合に。　（鵜）

## ●「なかなか明解な説明とはいかないのが同音類義語」

ひと口に同音類義語の関係にある、といってもさまざまなレベルがあります。「明快」と「明解」については、いくつか辞書を引きながら考えてみることにしましょう。


『広辞苑』

【明快】①さっぱりとして心持のよいこと。②筋道が明らかですっきりしていること。「論理—」「単純—」「—な解説」

【明解】はっきりと解釈すること。明白にわかること。


『大辞林』

【明快】(名・形動) はっきりしていて気持ちがよいこと。筋道が整然としていて、わかりやすいこと。また、そのさま。「—な答え」「—な論理」「単純—」

【明解】はっきりと解釈すること。また、よくわかる解釈。

『新明解国語辞典』

【明快】—な —に　その人の考え方やその時の説明の仕方に、あいまいさが無く筋が一貫していると思われる様子だ。「—な結論をくだす」

【明解】①（簡潔で）要領を得た解釈。②—な　いちいち説明されなくても、その意味するところがよく分かる様子だ。

『岩波国語辞典』

【明快】〔ダナ〕気持がよいほど、はっきり筋道が通っていること。「—な答え」「単純—」

※「明解」の項目はなし。

語釈としてはなるほど、と一応納得した気分になれても、実際の用例となるとどうなのでしょう。これらの辞書で掲げている具体的な用例は「明快」についてばかりで、「明解」にはありません。『岩波国語辞典』には「明解」は項目すらありません。もともと広く用いられていた「明快」に対して「明解」が一般的に用いられるようになったのは歴史が浅いということかもしれません。しかし、はたして「明解」はどう使われるのか、とさらに参照してゆくと、比較的新しい辞書にはこうありました。

『明鏡国語辞典』

【明快】（名・形動）筋道がはっきりしていてわかりやすいこと。「―な答弁」「単純―な論理」

【明解】（名・形動）はっきりとわかりやすく解釈すること。▽書物の題名に冠することが多い。「―な説明」「―な注釈」「字義―」などと使うこともあるが、一般には「明快」で十分である。

『類語大辞典』

【明快な】筋道が通っていてわかりやすい様子。「～な論理で貫かれた論文」▽単純～

【明解な】はっきりとよくわかるように解釈する様子。「～な説明がしてある辞書」

ここにいたって先行の辞書類より、少し踏み込んだ語釈になっています。

以上をまとめると、先にも触れたように「明解」は辞書名などに冠されてメジャー化してきた用語で、本来「解釈」にまつわる語であるということ。品詞について明示する『大辞林』で「明解」を形容動詞として扱ってはいないのも気になるところ。その用法の認識について辞書によって温度差のあることは確かで、筆者も「明解」の形容動詞用法には違和感を覚える一人です。というわけで「明解」は「明快」にくらべて意味が狭く用法も限られているのが現状でしょう。

例文に戻ると、結論として「明快」でも「明解」でも間違いとは言えないでしょう。しかし今のところ「明快」がやや優勢を保っているとは言えそうです。いずれにせよこの両者、当分揺れがつづくことでしょう。『明鏡国語辞典』の《一般には「明快」で十分である》という一節が印象に残ります。（猫）

●「外はさくさく中身とろりの伝統的なO型ポテトコロッケには、濃厚なウスターソースがよく似合う」

洋食という響きはどことなく郷愁をそそるもの、あつあつのコロッケの向こうにはまだ若かった母親の顔さえ浮かんできそうな気がします。それにしても血液型じゃあるまいしO型はいただけないね、とおっしゃるあなた、その気持ちはよ〜くわかります。

ここには「型」と「形」、字音が「ケイ」と同じばかりでなく字訓も「かた」と同音を持ち、さらに意味まで近い二つの文字の使い分け、というきわめてやっかいな問題が横たわっているのです。大雑把に言ってしまえば、実際目に見えるかたち、フォルムを表すのが「形」、それに対してタイプを表すのが「型」だと説明されるケースが多く、私もそんなところで納得しています。

まず、あなたのおっしゃっていた「血液型」、なるほど血液が実際にAやBなんて格好しているわけはありません、この際SでもMでもかまわない、αやβでだって置き換えられる、あくまでタイプを示しているんだから「型」。これはわかりやすい例です。しかし、たとえば「ほしがた」なんて辞書をひくと「星形・星型」と並列されていることが多い。さて、どうしましょう。

結果的に同じ物を指している場合でも、書き手の意識に差異がある、というのが私の理解するところです。ここに星の形をしたペンダントがあるとします。それを「星形」と書くのはごく自然です。ところでペンダントにはいくつかの類型化される形のタイプがあって、球状のものでもハートの形をしたものでもなく、星形をした集合という認識のある場合には「星型」としたくなる、それもまた自然ではないでしょうか。

私は今、喫茶店の丸いテーブルに向かってこの原稿を書いていますが、文字通りこのテーブルは「円形」です。しかし、四角いテーブルや楕円形のものも一般的ですから、それらではなく丸いタイプのものと言うときには「円型」という表記も当然ありうるわけです。

では例文に戻ってみましょう。O型に違和感を覚える、実際に「O」の文字の形をしているのだから「O形」だろう、その疑問は当然です。しかし、ここで書き手はあの俵の形をしたクリームコロッケのことも頭の中に想起しているとしたらどうでしょう。実際の形を超えて、ポテトとクリーム、それぞれのタイプとして認識されていたとすれば「型」となるのもありうることではある、というところでしょう。

もっとも、きつね色にこんがり揚がったポテトコロッケを「O」と表現することに、そもそも個人的には激しく抵抗を感じています。「俵」に対してなら「わらじ」とか「小判」といきたいところですね、余談ですが。（鵜）

座談会　形と表記

鷹　「型」と「形」にかかわる大論文お疲れ様でした。「鵜」さんの名文を拝読していて（笑）思いついたんだけど、実際の文字の形からきていることばとか表現ってけっこう多いね。

魚　V字谷とかUターンとかいう類《たぐい》ですか。

鷹　そう。知らずにいるとけっこう恥をかくというケースもある。プロレスの技に「4の字固め」っていうのがあるでしょ。あれは脚の形が「4」になるから名付けられたわけなのに、知らなかったんだよ、なんのことかな、と思いながら「四の字固め」というのを通してしまったことがある。

魚　どうあがいても「四の字」は不可能ですものね（笑）。

鷹　それが比喩的な表現で出てきたから、まさかプロレスとは思わなかった。

鵜　確かに「川の字になって寝る」が「河の字」になっていたら、不思議な光景というしかないでしょうね。

鷹　「八の字髭」が「8」になっていたり、逆に「8の字結び」というのが「八」に

**猫**　なっていても気持ち悪いでしょう。

**魚**　わたしは「丁字路」の行く先が心配です。

**鶫**　と言うと……。

**鷹**　いずれ「T字路」に取って代わられちゃうんじゃあ、というんでしょ。

**猫**　もうすでにかなりあやしいけどね。

**魚**　そうです。もともと「十字路」と並んで重宝されていたはずなんですが……。

**猫**　「T字路」側にも「S字カーブ」なんていう眷属《けんぞく》がいますよ（笑）。

**鷹**　「丁」と「T」では字形が同じうえ、「てい」「ティー」と音も似ていますからね。

**鶫**　ABCDの普及に比べて甲乙丙丁の長期低落傾向も背景にあるね。

さすがに「丁字帯」は残るんじゃないでしょうかね。特殊なシロモノでなんだか

マイナーだから残るって感じは否めませんがね。

**鷹**　ぼくが入社した頃、忍者小説の連載を担当したことがあるんだけれど、女の忍者をクノイチって言うよね。それは「女」という文字を分解すると「くノ一」になることからきているっていうんで、必ず「くノ一」と直すようにと先輩に教えられたよ。

**猫**　今ではそこまで神経質にやりませんよね。

**鷹**　忍者がニンジャになる時代だからね、ケースバイケースっていったところだね。

**鵜**　そのうちロシアの女性スパイ、クノーウィッチにちなんで呼ばれるようになった、なんてことになるかもしれないですね。

**魚**　そんな女性スパイがいたんですか。

**鷹**　おいおいしっかりしてくれよ。伊賀だ甲賀だと言ってる時代に、ロシアのスパイがいるわけないだろ。

**鵜**　当時日本に侵入したイエズス会系の女性スパイというなら信憑性あり、ですか？

**鷹**　歴史の捏造《ねつぞう》はいけませんよ（笑）。

# 第5章

# いぎたなく飲むってあり？

●「長男、長女に続いて次男を出産。これで世に言う一姫二太郎」

女性誌の記事から引っ張ってきたものですが、テレビのクイズ番組などでもよく出題されるものです。

「一姫二太郎」とは、一番目に女児、二番目に男児と、生まれる順序を表しています。これは、女の子のほうが育てやすいので、先に産んでおけば、二人目のときに上の子に手がかからなくて楽であるということ。また、跡継ぎに男の子をほしがっていたのに、最初に女の子が生まれたときの慰めのことばでもあったようです。

とはいえ『三省堂国語辞典』には《俗に、女ひとり、男ふたりのばあいにも言う》と注記が加えられています。ことばは生き物ですから、時代環境に応じて意味内容が広がったり変貌を遂げたりしていきます。「拡大」と「変貌」の過程で、どこまでそれが定着しているか、読者に受け容れられるか、その判断に頭を悩ませる毎日です。

（鷹）

●「仮にも主家の存亡をかけた局面におっとり刀で登場ということ自体、不謹慎の誹《そし》りを免れなかった」

時代小説の一節から。「不謹慎の誹りを免れな」いなど持って回った表現についついごまかされてしまいがちですが「おっとり刀」の「おっとり」は、「こせこせしない、悠然と落ち着き、ゆったり鷹揚」の意で用いられる「おっとり」ではありません。漢字で書くと「押っ取り刀」。武士が危急の場合に、刀を差す暇もなく手に持ったままでいる状態を言い、急いで駆けつけるときの形容に用いられることばです。

要するに作中のこの人物、不謹慎どころか、当時の価値観にてらして言えば模範的だったということになるわけです。

（鷹）

●「よいか拙者とて心を鬼にして申すのじゃぞ、薄情ゆえではさらさらない。情けは人のためならずともいうであろう」

つづけて別の時代小説、主人公の台詞から。不始末をしでかした弟に向け、冷酷と映るかもしれぬ仕打ちもおまえのためを思えばこそと賢兄渾身の説諭を試みている場面ですが、この台詞中では「情けをかけるのは、人のためにならない。それは相手を甘やかして駄目にしてしまうから」という意味で使われているように読めますね。しかし、「情けは人のためならず」の意は、「人のためにあらず」、人に情けをかけておけば、やがてはめぐりめぐって自分にもよい報いがあるはずだから、結局、人のためではなく自分のために情けはかけるものだ、というもの。どうやら基本的な誤解が存するようです。（魚）

●「梨園の貴公子に見守られた初舞台はまさに蛙の子は蛙、あどけなさの内にも気品の漂うものだった」

人気実力ともトップクラスに位置する歌舞伎役者と、その子の初舞台での親子共演が話題に。その折の記述から。

演劇界、特に歌舞伎の世界を指して「梨園」と呼ぶのは、唐の玄宗皇帝が梨を多く植えた庭園で楽士の子弟を自ら指導した故事にちなむとのこと。しかし、そんな梨園の「貴公子」と呼ばれる名役者を「カエル」に例えてしまってよいのでしょうか。

「蛙の子は蛙」はほめことばではありません。これは「瓜《うり》の蔓《つる》に茄子《なすび》は生《な》らぬ」と同じで、「凡人の子はやはり凡人」ということ。他人に対して使うときには要注意です。

（猫）

●「祖父も父も足が短いという劣性遺伝が災いしてか、筆者もまったくもてたためしがない」

重心の低さは安定感のあらわれと言われようと、ダックスフントみたいでかわいいと言われようと、今日日「短足」は「短足」、冴えない、ネガティブな印象は拭えません。それを筆者は「劣性遺伝」と専門用語を用いてさらりと流し、おかしみを誘っているわけです。専門用語と言っても昔々学校で習い、頭の奥底には残っていることばに思わず頬笑み、なにげなく読まされてしまいますが、よくよく考えてみるとアウ

トです。たとえば、『岩波国語辞典』「劣性」の項には、

〔生物〕遺伝する、対立する形質のうち、次の代には現れず、潜在してその子孫に現れるもの。潜性。⇕優性。

とあります。劣っている性質、ネガティブな形質というわけではまったくないのです。じいさん、とうさん親子三代ともに足が短いのなら、それはそれで立派な「優性遺伝」、なにか哀しい「優性」ではありますが。

ただし、ジョークで通るならいざ知らず、遺伝子に優劣があるかのような誤解を招き、偏見を助長しかねないとの判断で、日本遺伝学会は、「劣性」を「潜性」に、「優性」を「顕性」に言い換えることにしました。（猫）

●「ディスコも映画館も、男の方と二人きりでお話しするのも初めて。両親が厳しくて、わたくし、世間ずれしているものですから」

コミックの台詞より抜粋。コミックの世界では現実よりはるかにデフォルメされた

「深窓の令嬢」がこうのたもうています。……しかし抵抗を覚えますね、いえステレオタイプの「深窓の令嬢」にではなく、この台詞の意味内容そのものに。

「世間ずれ」の「ずれ」は、漢字で書けば「擦れ」。すなわち、擦《す》れる（＝こすれて原形が損なわれる）意です。世の中でもまれたため純真さが薄れ、世知にたけているのが「世間擦れ」です。ここでは「世間ずれ」＝世間からずれている、世間知らずのことと勘違いが起こっているのです。

ところがところが……。

二〇一四年九月に文化庁の発表した『国語に関する世論調査』の結果によれば、「世間を渡ってずる賢くなっている」意でとらえている人が三五・六パーセントなのに対し、「世の中の考えから外れている」と解釈する人が五五・二パーセント。本来の意で通じるのはやっと三分の一、およそ半数では「勘違い」が定着していることになります。しかも年代別に見ると若い人ほど「勘違い派」の比率が高くなっており（十代では八割以上が「勘違い派」）、もはや五十代でも「勘違い派」が優勢です。

この世論調査の九年前の二〇〇五年にも「世間ずれ」は調査項目になっていて、そのときは「勘違い派」は全体の三二・四パーセントでしたから、わずか九年の間に逆転してしまったことがわかります。国語辞書ではまだ「世間からずれていることの意

で使うのは誤り」(『明鏡国語辞典』)といった注記が付くことがありますが、今後どうなりますことやら。(猫)

●「あの模範的な紳士と目されていた人物が、それこそ人が変わったように他人を口汚く罵るわ、暴力をふるうわ、すっかり君子豹変した姿に驚き、戸惑いを覚えるしかなかった」

この文例、抵抗なく読まれた方が多いと思います。なにかの拍子にがらっと悪く変わってしまうのを君子豹変といっても、今では違和感がありません。悪く変わるのではなくとも、一般的に変わり身の早い人を指して使われますね。いずれにしてもこのご時世、本当の君子(人格者)など絶滅種とばかり、「君子は豹変する」のそもそもの意は忘れられかけているのでしょう。

君子はひとたび過ちに気づくや、豹の毛皮の斑文が鮮やかで際立っているごとく(また一説には、豹の毛並が季節により美しく一変するごとく)、はっきりとあらため、善に向かう——このことばの見える中国の古典『易経』では、「君子豹変」はそのような意味で用いられていたのだそうです。(猫)

●「いぎたなく酒を飲む父の姿が目に焼きついている」

決して恵まれた幼時体験とは言えませんね。哀切な気分にとらわれながらも、用語としては気になるところ。

「いぎたない」を漢字で書くと「寝穢い」、要するにむさぼるような眠りとか寝起きの悪さとか、醜い寝相などを形容することばです。この「い」は「眠り」の意であることが次第に忘れられ、「居」と意識されるようになったのか、あるいは「意地汚い」と混同されているのか、そう解釈すれば自然な例がこのところ散見されます。いつまでも重い腰をあげず、ぐたぐただらだらというつもりなんでしょうね。

え、ねそべって半分眠りながら酒を飲んでるシチュエーションは考えられませんか、ですって？　……うーん、可能性としてありえないと言い切ることはできない、といったところでしょうか。あまり想像したくない光景ではありますね。（鷹）

## ●「平均体重以下の乳児は、すべからく発育不良と見なされた」

このところ「すべからく」を「すべて」の意で用いるケースが目につきます。なかには「全からく」とか「統べからく」とか、ごていねいに漢字まで当てて……。辞書類をひろげ、語構成をあぶり出してみると、サ変動詞の「す」＋助動詞「べし」の未然形「べから」＋接辞の「く」。「ぜひとも」「当然」「なすべきこととして」の意で、「すべからく飲むべし（ぜひとも飲みなさい）」のように、ふつう「べし」と呼応します。漢字で書くなら「須らく」で、もともと漢文読み下しから来ている文語的な硬い表現だったと言えましょう。それが口語で「べし」が省略され、「すべて」と混同されるようになったということころでしょうか。

しかしこれを実例に即して考えてみるとなかなか一筋縄ではいかない。たとえば「厨房をあずかる料理人たる者、まずはすべからく衛生に留意するのは当然であろう」などという文章の場合、本来の意と「すべて」の意が適度にミックスしているとしか言いようがありません。あくまで私見ですが、用例用法そして意味内容と、このことばももともとのものから次第にシフトしていくことで生き残っていく、そんな気がしてなりません。

（鷹）

●「なにか特別にしつけられたという覚えはありませんが、『二つ返事をするな』とだけは厳しく言い聞かされました」

ベンチャービジネスに成功しマスコミの寵児となった感のある青年実業家、その生い立ちに迫ろうとインタビューした記事からです。

親、教師、友人、何事によらず頼みごとをされて、無理なものは理を尽くしたうえではっきりことわり、引き受ける以上は「はい」と一言、気持ちよく引き受けるべき。不承不承「はいはい」と重ね返事をするのは最悪。人間としての信頼関係を壊してしまいかねないということなのでしょう。

さすがにポジティブな、人生のひらけそうな家訓と言いたいところですが……。

このことば、そもそもどんなときに使われるかというと、

「誠に結構なお話で私共なら二つ返事で承知する所だね」（二葉亭四迷『其面影』）

のように、「結構なお話」だから「二つ返事で承知する」わけです。つまり「二つ返事」とは、しぶしぶの「はいはい」ではなくて、《すぐに気持ちよく引き受けるこ

とですね。

と》（『講談社国語辞典』）。ためらわず、機嫌よく請け合うのが「二つ返事」というこ
（鷹）

●「偉大な先達の存在は何物にもかえがたい。彼の背中を見つめ他山の石とすることでここまで来ることができた」

「他山の石」の使われ方に問題あり、ですね。このことば、中国の『詩経』にあって、「他山の石以て玉を攻《おさ》むべし」、すなわち、よその山から出る粗悪な石でも自分の玉を磨くのに役立つ、他人のつまらぬ言行も自分の修養のためになる、といった意です。「他山の石」自体は決して目標とすべき立派な存在ではありません。ここを例文は取り違えているわけです。

先述の文化庁『国語に関する世論調査』（二〇一四年九月）にも、このことばについて全国十六歳以上の男女三千四百名で実施した結果が採り上げられています。それによると「他人の誤った言行も自分の行いの参考となる」という本来の意味で使っていると回答した人が三〇・八パーセントで、「他人の良い言行は自分の行いの手本となる」あるいはそれ以外の意味で使うという、いわゆる誤答した人の二八・八パーセ

ントをわずかに上回っているだけにすぎません。また、このことばについては「分からない」と答えた人がとても多く、全体の三五・九パーセントを占めていますので、先の誤答した人と合わせると、全体の三分の二近くに達することになります。

要するにこのことばの将来は限りなく暗い、と言わざるを得ません。人気アニメかテレビドラマででも使われぬ限り、意味の取り違えや逆転どころか、うっかりすればことばの存在自体が忘れられ、「死語」「古語」の仲間入りする日もそう遠くないのかもしれません。（魚）

●「党中央が頭ごなしに選んだ落下傘候補」

それを言うなら「頭ごし（頭越し）」。当事者をさしおいて事が進められる意。某年某月某国某国政選挙において某党某執行部は、地方支部の論議や地元の意向を無視した形で立候補者を決めたという文脈になります。「頭ごなし」は、相手の言い分も聞かずに、初めから一方的に決めつけた態度をとる様子。しかりつけられたり、怒鳴りつけられたりする場面で用いられることの多いことばです。（猫）

●「毎月第一日曜日の午前中、この公園ではフリーマーケットが開かれ、若者や主婦が文字通り自由なマーケットを楽しんでいる」

「フリーマーケット」の「フリー」は、「自由」の意の英語「free」ではなくて、虫の「蚤《のみ》」の意の英語「flea」。すなわち「flea market」は「のみの市」。したがって「文字通り自由」とはいかないのです。

日本語としてもすっかり定着した観のある「のみの市」は、フランス語「marché aux puces」からそのまま英語「flea market」、日本語「のみの市」と直訳されたもの。本来は《毎週数回、パリ郊外ラ－ポルト－ド－サン－クリニャンクールで、道の両側に立つ中古品の露店市》で、それが《転じて、一般に古物市のこと》(『大辞林』)を言うようになったとのこと。それでは何故その市が「のみ」などと呼ばれるようになったのかまで手許の資料ではわかりかねますが、古物に蚤なら不自然な結びつきではない、納得のいくところではあります。わが東京世田谷の冬の風物詩も「ボロ市」と命名されているくらいですし。

「r」と「l」の発音の違い、中学生時代にいやというほど教わりはしたけれど、身につきはしませんでした。ましてカナで表した日には、区別などありませんから、アルファベットのスペルの違いなぞわかるはずもない。「free」がポピュラーなのに対して、「flea」は決してそうではない事情も大きい。加えて、経済用語に「自由市場《しじょう》(free market)＝自由競争によって価格と数量の決まる市場」などというのもあるし、さらにいえば、そもそも「誰にも制限されることなく、自由に取り引きできる市《いち》場《ば》」をひとことで言ってしまえば「自由市場《いちば》」であること間違いない。とすれば、みんな自由に古物を持ち寄ってくる「フリーマーケット」を「自由な市場《いちば》」と解釈し、また定着するのも自然といってよいでしょう。今やイチャモンをつけるほうが野暮かもしれない。何をかくそう、このワタクシも「自由な市場」と思い込みつづけていたくらいですから……。

（鵜）

●「小春日和のいいお天気ですねえ」

この台詞そのものに問題はありません。しかし、わが子の手を引き幼稚園の卒園式に向かう父親同士の取り交わす会話中でとあっては……。

なんとも暖かげで気持ちのよい陽光を連想させることば、「小春日和」。「小春」というからには穏やかな春の快い一日くらいに思ってしまうのでしょうが、これが落とし穴。「小春」は陰暦十月の異称で初冬、今でいうと十一月頃に当たります。日一日寒くなっていくなかで、ときに春に似て、心安らぐ穏やかに晴れた暖かい日が訪れる――これを「小春日和」と言いならわしてきたのです。（鵜）

●「当地で永年御愛顧たまわりましたが左記へ移店することとなり……」

「当クラブは会員制につき、フリーのお客様にはご遠慮願っております」

たまには原稿、ゲラそして職場から離れ、町なかで拾った気になる表記を二題――。

まずは最初の例。古い商店街の、店先がいつも涼しげに打ち水されていた、私の好きな和菓子屋さんも、駅前広場の拡張で引っ越しを余儀なくされたようです。カーテンの引かれた硝子戸に貼り出された〝御挨拶〟には、現在地と新店舗の位置関係を要領よく示した略図がついていて、新しく移った先もわかりひと安心……でも「移店」とあるとどうしても気になるのはちょっと悲しい。帰宅するなり辞書を開いて、「やっぱり移転よね」とほっとするのは、さらに悲しい。

次の例は青山通り沿いの瀟洒なビル、重厚な木の扉わきに小さく貼り出されたプレートに記されていたものです。

エレベーターのボタンを押し違え、たまたままぎれこんでしまった者には、いかにも秘密めいて曰くありげ。一般大衆を閉め出し、選ばれた仲間内のひっそりとした連帯感こそ、この種のクラブに集まる人士にはたまらぬ魅力なのでしょう。それはそれで結構なんですが、しかし「フリーの客」とは……？

「フリー」といえば、まず「自由」が思い浮かびます。とすると、このクラブのお客はみな不自由な人？　手錠をされ鎖でつながれた人びとの溜まり場、なんてわけはありませんよね。「フリー（free）」には「無料」という意味もありますから、お金を払わない人はお断りってこと？　そりゃ、あたりまえ、わざわざ書くまでもありません。「タダならぬクラブ」って駄洒落を楽しむ雰囲気でもなさそうですし、まさか、蚤《のみ》の意の「フリー（flea）」なんてことはありますまい……。

会員や常連に対して、馴染みのない客、ふらっと立ち寄る一見《いちげん》の客を言うのなら「ふりの客」とするのが妥当です。もとをただせばれっきとした日本語、漢字なら「振り」と書きます。ひらがなや漢字では今ひとつ落ち着きが悪いのか、「フリ」とカタカナで書かれることが多く、英語と混同された挙げ句の果てに「フリー」と誤解されてしまったのでしょう。（猫）

● 「鰍《かじか》鳴く清流に葉叢の緑が影を落とし……」

清澄な風が吹き抜ける南アルプス山麓。青い空がいつしか朱に染まってゆく夏の夕暮れ。渓流からは涼しげな川音とカジカの美しい声が聞こえてきます……田舎育ちの私にとって、そんな風景を思い出させてくれるような、郷愁を誘う文章です。しかし……残念ながら「鰍」は鳴きません。

「鰍」と書くカジカは渓流にすむ魚の名。美しい声を夏の渓流に響かせるカジカは蛙のカジカ（カジカガエル）で、漢字で書くなら「河鹿（河鹿蛙）」。この「河鹿」という名は、声が鹿に似ていることに由来するのだそうです。美声を誇るのは雄とのことですが。

魚のカジカの表記は「鰍」のほかにも「杜父魚」という書き方が辞書類には採られています。また、「水馬」や、カエルと同じ「河鹿」などを採っている辞典・事典もあります。ちなみに、その名の由来は、味が鹿の肉に似ることから、という説があります。もしそうであるなら、声によって鹿にたとえられたのが蛙のカジカで、味によって鹿にたとえられたのが魚のカジカということになりますね。

蛇足ながら、「鰍」を「サンマ（秋刀魚）」のことだと思い込んでいる御仁もおられるようですので、御注意ください。（猫）

●「胡獱のつまり、事態に進展なし」

「胡獱」とはなにか。いきなりこんな熟語に遭遇したところで読めやしない。「胡」は「コショウ」の「コ」、「ゴマ」の「ゴ」、「ウロン」の「ウ」だ。「獱」は、たぶん、音で「ヒン」かな……「コヒン」「ゴヒン」「ウヒン」……待て待て原文に戻って類推類推……。「のつまり」とつづくからには……「トド」かな。国語辞典を引く。

当たり！　てなわけで一件落着、とはいかないのです、残念ながら。

「胡獱」は、北の海にすむ大形の哺乳類で、アシカとかオットセイの仲間とのこと。そのトドが「つま」ったからといって、いったいどうしたというのでしょう。

「とどのつまり」に登場するトドは、トドはトドでも哺乳類の「胡獱」ではなくて、魚類のほう。ボラの成長したもの。ボラは出世魚で、オボコ、スバシリ、イナ、ボラなどのように、地方によって多少呼び名は異なるそうですが、成長とともに呼び名が変わり、最終的な呼称トドに至るとのこと。そこでこの言い回しが「行きつくところ、結局」の意になったという次第。ただし、「とどのつまり」の語源については、この「出世魚」説以外にも諸説あるようです。


（魚）

## 座談会　意味の変化

鷹　長年ことばにかかわっていると、その意味が確実に変化している事例に行き当たるね。たとえば「気の（が）置けない人」っていうのはうちとけて、気詰まりを感じさせない、遠慮のいらない人のことだけれど、最近は気を許せない、油断のならない人と、まるきり逆の意味で使われていることも多いよね。

猫　用例の多さを無視できなくなったせいか、最近では誤用と断りながら触れる辞書を多く見受けます。

魚　今のところ誤りという歯止めが利いているようですけれど、いつ逆転派が多数になるかわからないというところですか。

鷹　そう、はじめて目にしたときにはおいおいと思ったけれどね、もともと「気が置ける」つまり気遣いの必要な、気の抜けない、気の許せないということばがあったから、その否定としてすんなり腑に落ちたわけで、今じゃこのもとのほうの形にはめったにお目に掛からない。となれば、気の置けない＝気の許せない、とすんなり繋がりやすく感じられるようにもなる。なるほどな、と妙に納得しちゃう。

**鶇** ことばは生き物、生物《なまもの》だとつくづく実感しますね。時代によって相互関係の中で徐々に変化してゆくこともあるでしょうし、ある日それまでの使用法から逸脱した何かしら特徴的な使われ方をして、ドミノ倒しのように意味が入れ替わるということもあるでしょうね。

**魚** このところ、ぼくが気になるのは「棹さす」ですね。

**鶇** どうして？　そんなに意味がゆれているの？

**魚** 「時流に棹さす反抗児」とか「常識に棹さすところから新しい発見が」とか、明らかに「逆らう」意、本来と逆の意味で用いられるケースが目につきます。

**鶇** なるほど。棹というのは舟を操る細い棒、「棹さす」で棹を水底について舟を進めること。時代劇なんか観てると、江戸や大坂の掘割や運河、渡し舟、川遊びなんていうシーンで、お目にかかるやつですね。

**猫** そこから比喩的に、時勢時流、周囲の流れに合わせてうまく乗っていくという意味になるわけですが、それが本当にみごとに裏返っていますね。「鶇」さんがおっしゃるように時代劇ではよく目にしますが、逆に言えば現在の私たちを巡る環境の中では特別なもの、船頭さんがどういう具合に舟を進めていくのか、原風景

鷹　として定着していないということが前提にあると思います。船頭さんという職業自体郷愁をそそる、今や日本中で何人もいない職業なんじゃないでしょうかね。そこへ持ってきて「棹さす」という音に、なんとなく逆流に抗して進むというイメージがかぶさってきちゃったのかね。

鵜　しかし、それなら夏目漱石『草枕』のかの有名な冒頭部分「……智に働けば角が立つ。情に棹させば流される」はどう解釈されるんでしょうね。情のおもむくまま身を処するからこそ、流されるわけで。

鷹　人としての情に抵抗し、さからえば流されちゃう、情のままに生きようよ、となるのかな（笑）。

魚　いくらなんでも……。

鵜　それはやはり誤釈だし、いかに増えつつあるとはいえ、私も誤用という立場を支持しますね。

猫　「耳ざわり」の件はいかがですか。「耳ざわりのいいことば」のような用法についてですが。

鵜　本来の「耳障り」との関係ですね。

鷹　それについては興味深い新聞記事をスクラップしてある。朝日新聞一九八九年八

**鵜**　月十三日付のコラム。当時の海部首相が、税制問題について「耳ざわりのいいことだけではダメだ」と発言したのを引き合いに、こう記している。《格調高い演説と褒めたいところだが「耳ざわり」の使い方が間違っているので減点。／「耳ざわり」は漢字で書けば「耳障り」。聞いて不愉快な感じがすることだ。／「手触り」なら「手でさわった感じ」だから「手触りがいい」といえる。耳でさわるわけではないのだから、「耳触りがいい」という言葉は存在しない。／辞書の中には一、二種類、「耳触りがいい」という言葉を認めているものもある。また、認めてもいいという学者もいる。だが、使えないと考えるのが、大方の常識だ》。

**鷹**　なるほど。一九八〇年代末期には首相の演説中で用いられるほど普及しつつあった。しかし、これに対して誤りである、という確固たる認識もあったということですね。

**猫**　このコラムだけで決めつけてしまうのは危険だけれど、当時の流布の実態と語意識を反映していると思うね。

**鵜**　もともとあったのは「耳障り」。同音の「耳触り」なる表現が生まれ、現在では別語としてそれぞれ機能していると考えていいのでしょうか。

「耳触りがいい」の類《たぐい》の使用例が、意外に古い時代で見つかっているようなの

**魚**　で、辞書によって見解は分かれるでしょうが、実勢としてはそんなところでしょうね。
最近「耳触り」がよく使われるようになってきたのには、たとえばこんな要因が浮かびませんか。音楽音響機器が個人的なものとして普及し、イヤホン、ヘッドホンを耳につけるようになると、音が触覚的なものと感じ取られるようになってくる。手触り、舌触り、の延長で「耳触り」もむしろ自然に受け止められるようになった……。

**鷹**　なるほど、そういう側面もあるかもしれないね。しかしいくらなんでも「目ざわり」は「目障り」だけで「目触り」はないでしょう。

**魚**　今のところは。

**鵜**　いつの日にか、ヒトの目がカタツムリかナメクジみたいになれば、話は別かもしれない（笑）。

**猫**　「ジンクス」「胸騒ぎ」「鳥肌が立つ」、なんていうのはいかがでしょうか。いずれも、もともとはネガティブな局面で使われていたことばです。

**鷹**　「主力選手にホームランが出ると、かえって試合に負けるというジンクスがある」なんて具合に縁起の悪いこと、不吉な結果を招くものに使われていたのが本

**魚**　来の形。ま、「ジンクス」の場合、吉凶を問わずに縁起をかつぐ意ですっかり市

民権を得てしまったと言っていいでしょう。その点「胸騒ぎ」となるとまだまだ微妙。

**鷹**　何か悪いことでも起こったのではないかと心配するのとは別の使われ方、「恋の

胸騒ぎ」なんてよく見掛けますが、厳密にはおかしいということですかね。

**鵜**　恋とは病気だから、とシニカルに構えれば問題ないとも言える（笑）。

わけもなく胸苦しく切ない想いは伝わってくる。まだまだ不吉な予感、形になら

ぬ心配という本来の意味が残っているからこそ、この表現が微妙なところで生き

ているんじゃないでしょうかね。

**猫**　「鳥肌が立つ」のは寒さや恐怖、これもかつては不快感ゆえでしたが、今や素晴

らしい演奏や舞台に「鳥肌が立つほど感動する」ほうが多いですね。

**鷹**　「鵜」さん流に言えば、歓喜、崇拝、感動、驚異、恐怖……究極的には混じり合

い、分離できないものだからかな。いずれにせよ、少なくとも今のところ違和感

を覚える表現ではある、けれども違和感を覚えるからこそ、インパクトがあると

も言える。

**鵜**　さらに言えば、すっかり皆の耳に慣れ、辞書にもちゃんと掲載されるようになる

**鷹**　と、陳腐きわまる言い回しでしかなくなる、ということもあるかもしれません。耳新しい表現もいつしか受容され通用し、やがて新鮮さを失い消費されてしまう……。

**魚**　そのサイクルがだんだん短くなってきているという印象はあるね。その典型が流行語なんだろうけど。「猫」さん、「あなたを見ていると鳥肌が立ちます」って言われたら、どう感じます？

**猫**　うーん。爪でひっかいてやりますね。

**鵜**　笑わずに言うところが怖い（笑）。

# 第6章

# 敷居とハードル、どちらが高い？

●「あのとき、彼女があんな態度をとったのも、それまでの経緯を考えれば無理ならぬ話だ」

「無理のないことだ」という意識が働いた結果「無理なからぬ」となってしまったのも「無理ならぬ話」あるいは「無理からぬ話」ですが、「無理なからぬ」というのはちょっと無理ですね。「無理ならぬ」という表現は「ひとかたならぬ」や「ただならぬ」などの「ならぬ」と同じで、助動詞「なり」の未然形＋打ち消しの助動詞「ず」の連体形。一方、「無理からぬ」の「からぬ」はというと、これは形容詞の否定形「よからぬ」などからの誤った類推によってできたもので、本来は誤用であったと考えられます。しかし、現在、慣用表現として「無理ならぬ」より広く使われていると言っていいでしょう。（鷹）

●「あたし、その男の作り話に、苦もなくだまされてしまったんです」

巧みな話術に、ころっとだまされちゃったんです、あたし。お恥ずかしい話、本当にころっと。だまされてもいい、いえ、もっと積極的にだまされたい、そんな想いが無意識にあたしの内に芽生えていたのかもしれないと思えるほど。だから単に「その男の作り話にだまされてしまった」のではことばが足りないんです。「苦もなくだまされてしまった」としなければ、それが伝わらないでしょう？

……てなところなんでしょうけれど、ちょっと待っていただきたい。「苦もなく」というからにはなんの努力も苦労もせずうまくということですね。この文章の場合、「だまされたあたし」が主体ですから、「苦もなく」はいけません。「苦もない」のはだました男のほう。男の側からすれば「苦もなくだましおおせたあの女」となりますが、「だまされたあたし」としては「たやすく、容易に」の意の「手もなく」とでもすべきでしょうね。

これと似たニュアンスの「まんまと」のように、「まんまと一杯食わされた」「まんまと金をせしめた」と、どちらの立場からでも使えることばもあって、ホント、ややこしいとは思いますが。（鵜）

●「利権の温床となる特例は暫時廃止してゆく方針である」

書き取り読み取り問題の定番、「ザンジ」と「ゼンジ」。例文中の「暫時」は「ザンジ」で「ゼンジ」は「漸次」と書きます。意味・音・字形の三拍子揃って似ていて、まぎらわしいですね。

「暫」は「しばらく」「仮に」など「短い時間」を意味し、「暫時」は「しばらくのあいだ」。「暫定的」や「暫定予算」などの形でよく用いられる「暫定」は仮に定めること。

一方「漸」は「すすむ」「ようやく」「だんだんと」の意。少しずつ進むのは「漸進」、少しずつ減る（減らす）なら「漸減」、少しずつ増える（増やす）と「漸増」、「漸次」は「しだいに」「だんだん」といったところでしょうか。ということは例文の「暫時」は間違いで、「漸次」が正解となりますね。

せっかくですから「暫」と「漸」の共通部分である「斬」を含む漢字をもう少し洗い出してみましょう。まず、「斬殺《ざんさつ》」「斬首」など「斬」そのものは「切る」意、「斬新」は、物の切られたあとが新しいことから、だそうで「ザンキの念に堪えない」の「慙愧・慚愧」や「慙死・慚死」の「慙（慚）」は恥じる意、他にも「塹壕《ざんごう》」の「塹」、一段と高くぬきんでている「嶄然《ざんぜん》」の「嶄」……あれ？　ということは、小型の国語辞典に載っているようなものは、「漸」以外みんな「ザン」なんですね。なにか少しばかり整理がついたような気に……なりませんか？　（魚）

●「カルト教団教祖の素顔を剝ぐ！」

複雑混沌とした世を生きる人びとの不安を時に利用し、時にもてあそぶ、かかる教団教祖の実像に肉薄するのは、報道機関にとって大切な役割のひとつではありますが、せっかくの記事のタイトルがこれでは、ね。素顔を剝いでしまったら、現れるのは筋肉とか骨とか血管とか……。別に整形手術をしようというのではないのですからここは「素顔に迫る！」「素顔を暴く！」などとすべきですね。「剝ぐ」を生かしたいなら「仮面」か「化けの皮」といったところでしょう。（鷹）

●「彼女の念力をもってすれば、東京タワーはおろか、スプーンだって曲げられたに違いない」

「おろか」は「言うに及ばず」の意ですから、前に程度の軽い、当然とでも言いうるものを、後には強調のため、程度のはなはだしいものがきます。ですから、この例文の場合は、「東京タワー」と「スプーン」の位置を逆にして、「スプーンはおろか、東京タワーだって曲げられたに違いない」としなければおかしいわけです。

お恥ずかしい話、これはノーチェックのまま書店に並んでしまった見落とし実例です。

（鵜）

●「凶暴な群れと化したシャチこと海のギャングがクジラを襲い……」

この例文のままでは「海のギャング」が実名で、「シャチ」が通称になってしまいます。『新潮現代国語辞典』をひくと、

こと【事】（接尾）別名・雅号・芸名などの下に付け、「すなわち」の意を示す。そ

の下に本名を続けることが多い。「六代目─寺島幸三」

例文は擬人法になっていますが「海のギャングことシャチ」とすべきです。水戸黄門こと徳川光圀《みつくに》、犬公方こと徳川綱吉、鬼平こと長谷川平蔵、怪人二十面相こと遠藤平吉、マリリン・モンローことノーマ・ジーン……。　(魚)

●「一回のセックスでエイズに感染する確率はどのくらいか……」

エイズすなわち「ＡＩＤＳ」は「acquired immunodeficiency syndrome」の頭文字からの造語で、邦訳すると「後天性免疫不全症候群」。「ＨＩＶ（human immunodeficiency virus ＝ヒト免疫不全ウイルス。俗にエイズウイルス）」に感染して発症した結果をエイズと称するのであって、「エイズに感染する」という表現はおかしい。病気に関する事柄ではくれぐれも正確を期したいところ。　(魚)

## ●「弱冠三十にして一大コンツェルンを率いる身に」

中国の古典『礼記』で男子二十歳を「弱」と言い、冠をかぶって元服したところから「弱冠」なることばが生まれたとのこと。ちなみに二十歳の「弱」に対して十歳は「幼」、三十歳は「壮」、四十歳は「強」なのだそうです。

中国ではもともと「弱」に年少とか「わかい」意もあったのに、日本では「よわい」意のほうが優勢と言っていいでしょう。しかも同音とあって「若」を用い「若冠」とする向きもありますが、いくら本人が意識的に用いたつもりでも、語源が明らかなうえ用例も固定した熟語ですから、間違いと見なされるのがオチです。「若冠」で刊行された文章を引用するとか特殊なケースを除けば、「弱冠」とするのが穏当、妥当でしょう。

逆に、語源には忠実にあくまで男子二十歳に用いるべき、などとおっしゃる方もおいでのようですが、それはそれであまりに原理主義、原則主義に過ぎるというものでしょう。その証拠にほとんどの辞書で、語源から年の若いこと一般に意味がひろがっている旨を、明示しています。

それではいったいいくつくらいまでが「弱冠」で通用するのか、そのあたりをさぐってみましょう。

《弱冠一七歳で名人戦に挑む》（『広辞苑』）

《彼は弱冠二五歳にしてすでに高名な詩人となっていた》（『大辞林』）

《弱冠二七歳で代議士に当選した》（『大辞泉』）

《弱冠十八歳で優勝》（『三省堂現代新国語』）

《弱冠一七歳の投手》（『学研国語大辞典』）

《弱冠一八歳のチャンピオン》（『明鏡国語』）

手許の辞書に掲げられた用例はざっとこんなところでしょうか。さらに『日本国語大辞典』では、有吉佐和子『助左衛門四代記』より《弱冠三十四歳で和歌山県会の議長を勤めるようになっていたから》なる文例をひいております。それにしても用例中の皆さん、お若いにもかかわらず大変なご活躍振り、弱冠二十五にして身を持ち崩したなんて御仁は一人もいらっしゃらない。

というわけでまとめてみますと、おおむね原義の「男子二十歳」にそいながら、ばらつきありというところでしょうか。それではばらつきの根拠は、ということになると、まず古代中国と現代日本では寿命とか年齢とかの観念に大きな差があること。そしてさらに実際の使用にあたっては、職業なり立場なりに応じて成熟年齢とでもいうべきものに違いのあることでしょう。四十、五十は洟垂《はなた》れ小僧という世界もあれば、三十にして年寄、親方、師匠なんて呼ばれる世界もあります。そのあたりをよく考え、検討を加えてみますと、冒頭の用例もセーフと言えるでしょう。どうもあまりぱっとしたまとめにはなっておりません。我ながら、すっきり割り切れない。校閲する者によっても揺れが生じる。しかしこのぱっとデジタル表示とはいかないのがことばの世界なのです。（鵜）

●「衰えに向かいつつも、まだまだ宮廷文化華やかりしころ……」

形容動詞「華やか」は、文語の終止形が「華やかなり」だから「華やかなりしころ」でないといけません。例文の「華やかりしころ」は、「若かりしころ」「遅かりし由良之助」などの、形容詞のカリ活用と混同してしまったようです。「静か」「遥か」「豊か」「賑やか」「しめやか」などの形容動詞は、みな同様に「―なりし」の形を取ります。（猫）

●「不義理を重ねた恩師の家だけにハードルが高い」

行動するにあたって障害となる事象を、陸上競技で用いる「ハードル」にたとえて表現するケースは多くあります。外交交渉にあたってのハードル、事態の打開に向けて越えねばならぬハードル……などのように用いられますが、この例文にはどうもなじみません。不義理を重ねた自分にやましさを覚え、恩師と顔を合わせるのがつらい、という状況では、少なくとも外部的な障害は存在しないと言っていい。この場合、「高い」のは、やはり自分の内にある心理的な「敷居」でしょう。（猫）

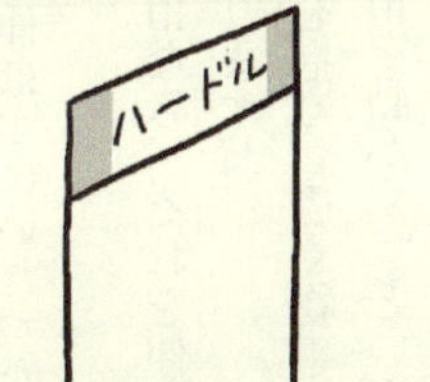

●「武田の軍勢は、緑豊かな彼の地にまで食指を伸ばすにいたった」

「食指」とは人差し指のことだそうです。人差し指なら、それを伸ばせば何かを指し示すことはできますが、この例文中では無理がありますね。

食欲が兆《きざ》すことから意味が広がり、興味・関心を抱く、広く物事を求める心が起きることを表す「食指が動く」。さらにそれが「食指を動かす」という形になって、自分のものにしたいという気を起こす意になります。したがって「伸ばす」ではなくて「動かす」とすればすっきり一件落着です。

ただし、例文の場合、「伸ばす」を生かす直し方もあることに御注意を。「食指」を「触手」とするのです。発音が似ていてまぎらわしいですね。いやいやだからこそ、この例文のような混乱が生じたのだと考えるほうが自然でしょう。「触手」とは、『大辞林』によると《下等動物の体の前端や口の周囲にある、伸縮自在の突起状の器官》。「触手を伸ばす」で、野心をもって自分のものにしようとする意に用いられます。

（鷹）

●「ごはん、少ない目にしてくれる？」

小説中の会話を読み進めていると、夜道をドライブしていていきなりガツンと何かに乗り上げてしまった、そんな感覚にとらわれることはありませんか。「少ない目」とは何ぞや。一つ目小僧と三つ目小僧が卓袱台《ちゃぶだい》はさんで仲むつまじく晩メシ食ってる図が、いきなり無関係に浮かんだりして。

接尾語の「～目」（仮名書きされることが多い）は、「～」にあたる語の性質、度合い、傾向などを示す働きをするのはご存じのとおり。その際「～」が形容詞なら、形容詞は語幹の形を取るのが基本です。具体例を掲げれば「厚め」「大きめ」「軽め」「太め」「遅め」……。ただしこの場合でも例外は付き物と申しましょうか、「濃い」については語幹「濃」ではなく、連体形「濃い」に付きます。語幹が「こ」と一音だけでは不安定という事情もあるんでしょう。そんな変わり者もおりますが、例文中はことわるまでもなく「少な目」となりますね。

と、ここまででこの例文に関するコメントを終えたかったのですが、『日本国語大辞典』には《現代では、形容詞の連体形に付けていう場合もある。「細いめ」「長いめ」など》と注釈があって無視はできない。……しかしそんなもんでしょうか。たとえばの話、「彼女は細い目だった」というだけでは柳腰のしなやかな身体つきだったのか、はたまた浮世絵美女風の目をしていたのかわからない、そんな時代になってしまったのでしょうか……。

●「朝は、ホテルのおしゃれなレストランで、ゆっくりとヴュッフェ。夜はおしゃれをして、私の好きなピアニストのデヴュー十周年アニヴァーサリーコンサートにヴェートーベンのピアノコンチェルトを聴きにいく。こんなふうに、私たちはハプスブルク家ゆかりのウィーンを楽しんだ」（鵜）

まあ勝手にしてくれ、と言いたくなりますが、外国語・外来語の表記は勝手にしてもらっては困るんです。混乱を指摘されはじめて久しく、今日ますますその度合いを深めているかに思えるのが「b」と「v」のカタカナ表記。「b」は「バ行」、「v」は「バ行」あるいは「ヴァ・ヴィ・ヴ・ヴェ・ヴォ」で表されます。「ヴュッフェ」は「buffet」、「デヴュー」は「début」、「ヴェートーベン」は「Beethoven」ですから、「ビュッフェ」「デビュー」「ベートーベン（ベートーヴェン）」。「アニヴァーサリー」は「anniversary」ですので、このままでOK。もちろん「アニバーサリー」でも。

ただし、スペイン語の場合「v」と綴られても発音は「b」音とのこと。

Cervantes、Velázquez、Valencia、いずれもスペイン語の発音を踏まえていうことなら、「セルバンテス」、「ベラスケス」、「バレンシア」とするのが一般的です。「ビュ」を「ヴュ」、「ベ」を「ヴェ」にすると、なんとなくレトロな感じやオシャレな感じが出るのも確かですが、もとを確かめてからにしないと、失笑を買うことになります。

（魚）

●「類稀なき美しさを誇る夫人との馴れそめには、いくぶん謎めいたものがあった」

その神秘的な美しさを強調するあまり、「類なき」と「まれな」が混ざってしまい……やはり単なる混乱と考えるべきでしょう。「類稀なる」とすべきですね。（鷹）

●「旧悪の数々が今回の騒ぎで、はしたなくも露呈した形に」

今さら暴かれた悪行の数々というからには、はしたない、不作法で見苦しいことこの上なしとは充分に想像されるところです。しかし、この文脈から言えば「はしたなくも」ではなく「はしなくも」でしょうね。はからずも、思いがけずに、という意味です。（猫）

●「夕日を受けた富士も圧巻なら、大いなる四万十の流れも圧巻、彼の筆にかかり風景そのものがダイナミックに生き始める」

文中「圧巻」の用例に違和感を覚えませんか。

まずこのことばの背景をさぐると、かつての中国官吏登用試験である科挙に際し、答案（これが「巻」）の中でもっともすぐれたものをすべての答案のいちばん上に載せたから。つまり「巻」を「圧《おさ》」える最優秀の詩文、転じて書物以外にも劇作、楽曲、催し物などでもっともすぐれた箇所、評価の高い部分を指して言うようになったとのこと。「第四楽章の主旋律を奏でるオーボエは圧巻」「一連の睡蓮を画題としたもののうちでも圧巻」、こう用いられるとき、同種の集合があって他を圧するというニュアンスが生きています。

ひるがえって例文を読むと、富士と四万十、大山と大河、二つの異なる「圧巻」を天秤にかけているような不自然さを禁じえないのです。もしかすると、ここは「壮大な眺め」を意味する「壮観」と混乱しているのではないでしょうか。

アッカンとソウカン、まんざら考えられなくはない。たとえば「圧観」と誤記されるケースも見受けられ、この場合などは明らかに「他を圧する壮観」のつもりなのでしょう。

もっとも例文のような最近の傾向を見ていると、「圧巻」はただ単に「非常にすぐれている」意にスライドしてきているのかもしれません。したがって、絶対に誤用だ

と声高に言う気はありませんけれど、やはり違和感を覚える、と小声では呟《つぶや》きつづけたいところです。　（鷹）

# 座談会　記号の使い方

**鵜**　この本の上梓に際しては、問い合わせの多く寄せられる事柄について、我々の見解というほど大袈裟な代物じゃあありませんが、おこたえしようという話でしたね。

**鷹**　あまりマニアックなものは避けますけれど。

**鵜**　マニアックなものではこちらの手に負えない（笑）。……先日小学校の先生をなさっている方からお手紙を頂戴いたしまして、会話文の語りを表すカギ、すなわち「」ですね、そのウケ（」）の前に句点（。）をつけるよう指導しているが、実際に刊行されているものを見ると、句点＋カギ（。」）になっているかと思えばカギのみ（」）で終わっている場合もある、これはいかがなものかと言うんです。……これについては、国語問題研究会監修の『国語表記実務提要』に文部省の見解が載っています。

《【問い】「お早う。」というように、かぎで包んだ語句や文などにも「。」をつけるほうがよいか。それとも「お早う」のようにすべきか。

【答え】文部省では、「 」や、( )の中でも、文が終止する場合には、「。」を用いている。したがって「お早う。」とする。しかし、個人的なものは、いうまでもなく、世間一般でも、「お早う」としている場合もある。どちらにしても文法上の誤りではない》

**猫**　この文部省、現在は文部科学省ですか、その方針にそって教育現場では句点をつける方向で指導しているわけですね。

**鷹**　そういうことなんでしょう。

**猫**　講談社の場合、出版物が多岐にわたっていてひとことでは言いにくいですけれど、児童対象のものは基本的にこの線ですよね。

**鷹**　学校教育と齟齬《そご》の生じぬよう配慮しているつもりです。

**鵜**　ただ、ここで重要なのは《どちらにしても文法上の誤りではない》というところです。当たり前といえば当たり前、文法的な誤りであるはずはないわけで、誤りでない以上、作者・寄稿家の意思・意図を尊重するのが出版人の基本的なスタンスです。

**猫**　作家とか企画、読者を考慮して弾力的に運用するということですね。

**鷹**　実際、作家の中にはちゃんと使い分けしている人もいるしね。

お早う、の例でたとえば……、〈いきなり「お早う」と声を掛けられ、あたりを見回した一郎はやっと花子に気づき、「お早う。」あわてて作った笑顔はいかにも不自然なものだった〉なんていう場合。

**鵜**　文中に溶けこんでいるのか、切れ目なのか、そこがポイントというわけでしょう。句点をまったく中に入れぬやり方なら二番目の「お早う。」は、〈やっと花子に気づき、「お早う」。あわてて……〉と表記されることになりますね。

**猫**　児童対象以外の場合、むしろ今おっしゃったやり方が主流ではないでしょうか。

**魚**　句点＋ウケ（。」）の形ではなく、ウケのみ（」）のほうがシャープだという印象はあるように思います。

**鷹**　とりわけ雑誌の場合、限られたスペースの中で情報量を可能な限り多くしようと、省けるものはできる限り省くという傾向はある。

**鵜**　その場合、カギのウケは、句読点と同格と見なされているという考え方が成り立つでしょうね。

**猫**　そうしますと、児童対象のものについては句点入り、それ以外は著者の意向を尊重しつつ、句点なしが主流になってきている、ということですね。

**鷹** そういうことだね。

**魚** ついでと言ってはなんですが、よく似た問題に疑問符「?」と感嘆符「!」の扱いがありますね。

**鵜** これについては、欧文の平叙文に対しそれぞれ疑問文、感嘆文を表す符号で、本来日本文の表記とは無関係というのが御上《おかみ》の見解。しかし、そこは融通無碍《ゆうずうむげ》な日本語表記のこと、こんな便利な符号を無視するわけがない。

**鷹** ただしその用法については当然ながら、欧文のように原理原則があってというわけじゃないから、たぶんに主観的、情緒的ではある。句点を用いるか、疑問符・感嘆符を用いるか、は原稿の書き手の専権事項で、われわれのタッチすべきところではない、それを前提に話を進めていったほうがいいでしょう。

**猫** 各版元、新聞社などによって微妙に異なる規準を持っているということでもありますよね。

**鷹** そう。したがって、あくまでわれわれとしては次のように整理しています、ご参考までに、ということで紹介しましょう。

**猫** まず大原則として疑問、感嘆の文末で用いる。この場合は句読点と同等・同格の扱いとなりますから、疑問符・感嘆符のあとに句読点をつけるという形はありませんし、行頭に置くことも避けます。またそのあとは一字分あけることになります。

**魚**　ただここには例外があって、ひと文字分あけずにそのままつづける場合もあるんですよね。

**猫**　二つのケースが考えられますね。ひとつはカギや括弧のウケなどがつづく場合。もうひとつは前後の文意に切れ目がなく、句読点の機能とは別だと考えられる場合。

**鷹**　最初のケースは単純。〈「そこにいるのは誰？　」「やめて！　」〉じゃあ間が抜けているから、〈「そこにいるのは誰？」「やめて！」〉と表記する、純粋に体裁にかかわる問題です。しかし後の用例を説明するのはなかなかやっかいで、〈あの、美女？と野獣！のコンビ〉なんていう場合なんだけれど、区切り符号としての機能はなくて、すぐ上の語を皮肉ったり反問したり強調したり、軽やかに分節化というか異化というかさせて、さらりと下につなげてゆく……苦しいかな、この説明では（笑）。

**魚**　その場合の？とか！は（　）で包むことができますよね、〈あの、美女（？）と野獣（！）のコンビ〉っていう具合に。

**鵜**　そこで非常にプラグマティックな見分け方を、伝授しましょう。疑問符・感嘆符が原則的に使われている場合には、その文章ごと「　」で括ることが可能です。一方、「鷹」さんの苦しがるケースでは、疑問符・感嘆符それ自体を（　）に入れることができるというわけです。たとえば〈怖いわ！　と少女？はあえいだ〉は〈「怖いわ！」と少女（？）はあえいだ〉、いかがですか。

**猫**　なるほど。しかし、〈怖いわ！　と少女？はあえいだ〉ってどういう状況なんですか（笑）。

# 座談会　あとがきのかわりに

**鷹**　読者の方々から折にふれ思いがけないご指摘を受け……。

**鵜**　素直に「お叱り」と言えばいいのに。

**鷹**　ま、似たようなものですが（笑）。ありがたいと同時にこの仕事ってホント怖いと思う。

**猫**　ていうかホント損ですよね、まず「お褒め」はなくて「お叱り」ですから。問題ないのが当たり前、減点主義で判断されるしかないですからね。

**鷹**　それを言っちゃあおしまい。ぼくが言いたいのは、人間のやる仕事だから間違いがあるのは当然だし、勘違いがあるのも当然。しかし読者から指摘を受けるということは……。

**鵜**　ゴキブリは一匹みつけたら三十四はいるっていうから（笑）。

**魚**　この前も章タイトルの大きな文字で「不巧の名車」とやっちゃって、早速ご指摘をいただきました。

**鷹**　自分の恥をおおらかに話せる、そこが「魚」君のいいところだね。「不朽」なん

**魚**　てまず「魚」君の生涯に無縁なことばだろうし（笑）。お褒めいただけたと勝手に解釈して、恥の二連発。歴史記事に「こうして天下の剣を握ることとなった」とあってそのまま通してしまったところ「天下の権じゃありませんか」……天下の剣、いかにもロールプレイングゲームのアイテムなんかにありそうですからね、ついついってところです。

**猫**　わたしは「藤」の長椅子。長年憎からず想い合ってきた男女が、真夏のリゾート、高原ホテルの木陰に置かれた「藤」の長椅子でついに結ばれるんです。なんだか変だなと感じはしたんですけど、それはそれでロマンティックだなとも思って。結果的にストーリーにのめりこんでしまっていたんでしょうね。

**魚**　「藤《とう》」までは考えなかった……。

**鵜**　特に引っ掛かりもせずにするりと読んで、後から指摘されて衝撃受けただろうなという例もあります。「信号が黄色から青にかわるのを確かめるのももどかしく、車は急発進した」……小説中にこんな文章があったそうだけど、「信号は黄から青ではなく、青から黄にかわるのではありませんか」。

**鷹**　その例はぼくも聞いたことがある。実際にぼく自身の体験で言えば、人里離れた古い洋館で起こる緊迫のサスペンス。十五キロ離れた町の警察署に出動を要請する。するとパトカーのサイレンが聞こえてくるんだな、山道だから全速力で走っても平均時速六十キロ、ここに到着するのは十五分後という計算になる。……どうお、するりと読んじゃうでしょ。しかし投書が来ましたね、パトカーが十五キロも離れた地点からやってくるとして、十五キロ離れた地点でサイレンの音はまず聞こえないでしょうってね。

**鵜** なるほど、言われてみればそうだね。

**魚** パリを案内する本で、モンマルトルの丘の上にテルトル広場って名所がありますよね、画家が多く集まるっていう。そこの説明文中に「パリの町を一望する」ってあったんですが、この広場からの一望は無理です、とお教えをいただきました。

**猫** 実際に行って確かめたくなるわね。

**鵜** とてもありがたいご指摘ばかりじゃなくて、はっきり言って見当違いってのもこの際暴露しちゃいましょう(笑)。

**鷹** 挑発的だね、ストレスでも溜まっているの?(笑) ただせっかくの機会だから……ちょっと物申しておきたいことに、「統一」の問題がある。やれ××ページでは「大根」となっているのに○○ページでは「だいこん」になってますとか、

**鵜**　「刺激」と「刺戟」がまざっていますとか、送り仮名がばらばらで見識を疑うとか、ちゃんとチェックしているのかとか、表記にまつわる投書でいちばん多いのは実はこういう「統一」にかかわる問題で、最近さらにその傾向が強まっているように思う。

**猫**　そもそも日本語には正書法なんてものは存在しないんだから、どう書こうと間違いじゃない。

**鷹**　間違いじゃないにしても、いろいろまざっているのは美しくないし、気持ち悪い、だいいち必然性がないということでしょ。

そりゃそういう美意識があってもいいと思うし、価値観があってもいいと思う。表記が統一されていないために無用な混乱を招きかねないというケースも考えられるわけで、読者と内容、刊行物の性格によって、きっちり表記の統一を図るということもあるでしょう。しかし多様な表記が可能であること、それこそ日本語表記の特質であり、豊かさであるとも言える。

**鵜**　たとえば「あなた」「貴方」「貴君」「アナタ」「貴男」「貴女」……どれもあなたには違いないけれど、それぞれ表情とニュアンスに差があって、これを統一しちゃえなぞいかにも乱暴、いかにも無神経。

**魚**　現実問題として著者はそこまで意識して、表記の使い分けをしているわけではない。単にまざってしまったのだから統一してほしい、というのが編集担当者の意見であったり、著者自身もそう希望することがあるようです。

**鷹**　多様な表記は醜い、だらしない、雑然としているという観念がそこでは前提になっているだけの話で、その観念自体を疑うというのがぼくの立場でね。多様な表記の出てくる必然性がないというのなら、表記が統一される必然性こそない。日本語の表記っていうのは、そもそも統一なんて概念とは無縁なところで成り立っているんだから。

**鵜**　アルファベットの組み合わせと語順で表記されることばとは成り立ちが大きく異なるのは確かですね。

**鷹**　それと何事によらず、「画一化」の尊ばれる風潮と無縁ではないかもしれない。……こういう意見はだんだん追いやられ、少数派になってきているのかもしれない。ただ、校閲に携わる者として一人ぐらい言っておく必要を感じるね。

**鵜**　せっかくここまで読んでくださった読者の方々に決してケンカを売っているわけじゃありません……なんてわざわざことわるまでもないでしょうね（笑）。

な



は



ま



や



ら

# 索引

## あ



## か

本書は二〇〇七年十二月、小社より単行本として刊行されたものです。

|著者|講談社校閲部　書籍や雑誌などあらゆる出版物の原稿、ゲラに目を通し、辞書や事典などの諸資料を駆使して事実関係を確認、日本語表記の間違いなどを指摘する校閲者の集団。日夜、ことばの最前線で奮闘中。

熟練校閲者《じゅくれんこうえつしゃ》が教《おし》える　間違《まちが》えやすい日本語実例集《にほんごじつれいしゅう》

講談社校閲部《こうだんしゃこうえつぶ》



2018年8月10日第1刷発行
2025年6月6日第6刷発行

発行者――篠木和久
発行所――株式会社　講談社
東京都文京区音羽2-12-21　〒112-8001
電話　出版 (03) 5395-3510
　　　販売 (03) 5395-5817
　　　業務 (03) 5395-3615

Printed in Japan

講談社文庫
定価はカバーに
表示してあります

KODANSHA

デザイン―菊地信義
本文データ制作―講談社デジタル製作
印刷―――株式会社KPSプロダクツ
製本―――株式会社KPSプロダクツ



ISBN978-4-06-512342-3

# 講談社文庫刊行の辞

二十一世紀の到来を目睫に望みながら、われわれはいま、人類史上かつて例を見ない巨大な転換期をむかえようとしている。

世界も、日本も、激動の予兆に対する期待とおののきを内に蔵して、未知の時代に歩み入ろうとしている。このときにあたり、創業の人野間清治の「ナショナル・エデュケイター」への志を現代に甦らせようと意図して、われわれはここに古今の文芸作品はいうまでもなく、ひろく人文・社会・自然の諸科学から東西の名著を網羅する、新しい綜合文庫の発刊を決意した。

激動の転換期はまた断絶の時代である。われわれは戦後二十五年間の出版文化のありかたへの深い反省をこめて、この断絶の時代にあえて人間的な持続を求めようとする。いたずらに浮薄な商業主義のあだ花を追い求めることなく、長期にわたって良書に生命をあたえようとつとめるところにしか、今後の出版文化の真の繁栄はあり得ないと信じるからである。

同時にわれわれはこの綜合文庫の刊行を通じて、人文・社会・自然の諸科学が、結局人間の学にほかならないことを立証しようと願っている。かつて知識とは、「汝自身を知る」ことにつきていた。現代社会の瑣末な情報の氾濫のなかから、力強い知識の源泉を掘り起し、技術文明のただなかに、生きた人間の姿を復活させること。それこそわれわれの切なる希求である。

われわれは権威に盲従せず、俗流に媚びることなく、渾然一体となって日本の「草の根」をかたちづくる若く新しい世代の人々に、心をこめてこの新しい綜合文庫をおくり届けたい。それは知識の泉であるとともに感受性のふるさとであり、もっとも有機的に組織され、社会に開かれた万人のための大学をめざしている。大方の支援と協力を衷心より切望してやまない。

一九七一年七月

野間省一

## 講談社文庫　目録

佐木隆三　身分帳
佐高　信　石原莞爾 その虚飾
佐高　信　わたしを変えた百冊の本
佐高　信　新装版 逆命利君
佐藤雅美　ちよの負けん気、実の父親〈物書同心居眠り紋蔵〉
佐藤雅美　へこたれない人〈物書同心居眠り紋蔵〉
佐藤雅美　わけあり師匠事《こと》の顛末〈物書同心居眠り紋蔵〉
佐藤雅美　御奉行の頭の火照《ほて》り〈物書同心居眠り紋蔵〉
佐藤雅美　敵討《かたき》ちか主殺しか〈物書同心居眠り紋蔵〉
佐藤雅美　江戸繁昌記〈寺門静軒無聊伝〉
佐藤雅美　青雲遙かに〈大内俊助の生涯〉
佐藤雅美　悪足掻《あが》きの跡始末 厄介弥三郎
佐藤雅美　恵比寿屋喜兵衛手控え〈新装版〉
酒井順子　負け犬の遠吠え
酒井順子　朝からスキャンダル
酒井順子　忘れる女、忘れられる女
酒井順子　次の人、どうぞ！
酒井順子　ガラスの50代
佐野洋子　嘘ばっか〈新釈・世界おとぎ話〉
佐野洋子　コッコロから
佐川芳枝　寿司屋のかみさん サヨナラ大将
笹生陽子　ぼくらのサイテーの夏
笹生陽子　きのう、火星に行った。
笹生陽子　世界がぼくを笑っても
沢木耕太郎　一号線を北上せよ〈ヴェトナム街道編〉
佐藤多佳子　一瞬の風になれ 全三巻
佐藤多佳子　いつの空にも星が出ていた
笹本稜平　駐在刑事
笹本稜平　駐在刑事 尾根を渡る風
西條奈加　世直し小町りんりん
西條奈加　まるまるの毬《いが》
西條奈加　亥子《いのこ》ころころ
佐伯チズ　〔改訂完全版〕佐伯チズ式「完全美肌バイブル」〈123の肌悩みにズバリ回答！〉
斉藤　洋　ルドルフとイッパイアッテナ
斉藤　洋　ルドルフともだちひとりだち
佐々木裕一　公家武者 信平《のぶひら》〈消えた狐丸〉
佐々木裕一　逃げた名馬〈公家武者 信平(二)〉
佐々木裕一　比叡山の鬼〈公家武者 信平(三)〉
佐々木裕一　公《く》卿《ぎょう》の罠《わな》〈公家武者 信平(四)〉
佐々木裕一　狙われた旗本〈公家武者 信平(五)〉
佐々木裕一　赤い刀身〈公家武者 信平(六)〉
佐々木裕一　帝《みかど》の刀《とう》匠《しょう》〈公家武者 信平(七)〉
佐々木裕一　若君の覚悟〈公家武者 信平(八)〉
佐々木裕一　くもの頭領〈公家武者 信平(九)〉
佐々木裕一　宮中の誘い〈公家武者 信平(十)〉
佐々木裕一　雲雀《ひばり》の太刀〈公家武者 信平(十一)〉
佐々木裕一　決着の闘《とき》〈公家武者 信平(十二)〉
佐々木裕一　姉妹の絆〈公家武者 信平(十三)〉
佐々木裕一　町くらべ〈公家武者 信平(十四)〉
佐々木裕一　影の姫〈公家武者 信平(十五)〉
佐々木裕一　斬旗党〈公家武者 信平(十六)〉
佐々木裕一　狐のちょうちん〈公家武者信平ことはじめ(一)〉
佐々木裕一　姫のため息〈公家武者信平ことはじめ(二)〉
佐々木裕一　四谷の弁慶〈公家武者信平ことはじめ(三)〉
佐々木裕一　暴れ公卿〈公家武者信平ことはじめ(四)〉
佐々木裕一　千石の夢〈公家武者信平ことはじめ(五)〉
佐々木裕一　妖《あや》し火〈公家武者信平ことはじめ(六)〉

2025年 3 月 14 日現在